孩子的成功离不开挫折教育

谢 普 编著

吉林文史出版社
JILIN WENSHI CHUBANSHE

图书在版编目（CIP）数据

孩子的成功离不开挫折教育 / 谢普编著 . -- 长春：
吉林文史出版社，2023.5
ISBN 978-7-5472-9170-2

Ⅰ . ①孩… Ⅱ . ①谢… Ⅲ . ①家庭教育 Ⅳ . ① G782

中国版本图书馆 CIP 数据核字 (2022) 第 196866 号

孩子的成功离不开挫折教育
HAIZI DE CHENGGONG LI BU KAI CUOZHE JIAOYU

编　　著　谢　普
出 版 人　张　强
责任编辑　王　辰
封面设计　郑金霞
出版发行　吉林文史出版社
地　　址　长春市净月区福祉大路 5788 号出版大厦
印　　刷　天津海德伟业印务有限公司
开　　本　640mm×910mm　　　1/16
印　　张　12
字　　数　128 千
版　　次　2023 年 5 月第 1 版
印　　次　2023 年 5 月第 1 次印刷
书　　号　ISBN 978-7-5472-9170-2
定　　价　69.00 元

什么样的孩子，内心从不会有忧伤？遇到问题不需要去面对、没有经受过任何挫折、诸事都称心如意，这样的孩子内心自然不会产生忧伤的情绪。作为父母，我们都希望自己孩子的童年是无忧无虑的。但我们也知道，这实际上只是我们内心对美好的一种期许。

遭遇挫折是孩子成长过程中的必经之路。与其费尽心思让孩子成为温室中的花朵，不如尽心尽力教会他正确应对挫折。正如俄国著名作家屠格涅夫所说的那样："你想成为幸福的人吗？那么首先要学会吃苦。能吃苦的人，一切的不幸都可以忍受，天下没有跳不出的困境。"大作家眼中的"能吃苦的人"，就是指遭遇挫折并能战胜挫折的人。

"予而勿夺"，作为父母，我们不应剥夺孩子经受挫折的权利。古往今来，没有哪个人的成长会不经历挫折与磨难。孩子每经历一次挫折，其能力就会得到相应的提升。挫折和逆境，也是孩子成长路上的必修课。孩子不会永远生活在父母营造的温室中，他最终会走向社会。面对一些困难与挫折，父母要鼓励孩子去正确看待并最终战胜它，只有这样，他的人生根基才会被夯实，他的人生前景才会日益开阔起来。如果父母事事代办，只会让孩子的人生之路越走越狭隘。

孩子的成功离不开挫折教育，而在对孩子进行挫折教育中，父母起着至关重要的作用。本书从父母的视角出发，通过阐述挫折对孩子成长各方面的影响，告诉我们在日常的学习与生活中教会孩子如何应对挫折。本书理论与案例相结合，浅显易懂，通过生活中常见的案例，向各位父母更加直观地展示孩子在成长过程中可能遇到的各种挫折，并阐述进行正确的挫折教育的方式方法，以为父母在教育孩子上有个抓手，最终让孩子变得越来越优秀。

第一章

砥砺前行，只有经历挫折才会愈发强大

　　每个人的生活环境、家庭背景都不尽相同，有的孩子一出生就被父母长辈宠溺着成长，捧在手里怕摔了，含在嘴里怕化了；有的孩子却从小经受各种苦难，他不得不磨砺自己。当然，适度宠溺并没什么不好，但孩子不能一直躲在父母的怀抱中。那些不断经历挫折的孩子，无论是主动还是被动，他的内心都会变得日益强大。

从小培养孩子的抗挫折能力

作为父母，我们不仅要教会孩子以正确的态度面对成功，更要教会孩子以坚强的心态面对挫折。因为人生在世，遭遇挫折在所难免。为人父母，我们必须在精心呵护孩子这个大前提下，和他一起面对成长路上的风风雨雨，并教会他正确理性地应对挫折。

玲玲今年读初一，她从小成绩就很好，是爸爸妈妈的骄傲，也是老师在家长会上经常提起的"别人家的孩子"。

但在接下来的月考中，玲玲考砸了，考试成绩排到了班里的下游。这是玲玲从来没有经历过的事情，老师也感到有些不可思议，因为按照玲玲的入学成绩，她不应该考成这样。

虽然爸爸妈妈对玲玲的状态有些担心，但他们没有过多地干涉玲玲的学习，只是"有意无意"地进行了一些关心和鼓励。在爸爸妈妈看来，玲玲的学习成绩一直很好，她基础扎实，学习方法也已经很成熟，应该不会有大的问题，这次月考只不过是一次小小的波动而已。

而且，爸爸悄悄地告诉妈妈，玲玲从小到大在学习上都顺风顺水，从来没有品尝过挫折的滋味，这次成绩不理想未尝不是一件好事，也是对她个人意志及品质的一次磨砺。人们不是常说"塞翁失马，焉知非福"吗？让玲玲适当地遭受一些挫折，对她的成长也是有必要的，咱们没必要跟着大惊小怪，免得加重孩子的心理负担……

事实证明，爸爸的分析是对的。期中考试时，调整了状态和学习节奏的玲玲再次成为班级第一，重新成为那个"别人家的孩子"。更重要的是，有了这次经历，玲玲对自己的信心更足了，她坚信，只要自己沉着应对，及时调整，自己就可以扭转各种不利局面。

玲玲的经历，相信很多孩子也遇到过。在由小学升入初中后，他们的功课一下子增加了好几门，学习环境也有所变化，甚至会有很大的变化，包括换了新学校，多了很多陌生的同学，其中还不乏尖子生，等等，肯定会有些不适应。如果还按小学时的节奏去学习，肯定是不行的。特别是考试之后，发现成绩很不理想，就会产生巨大的挫败感，甚至接受不了相应的事实，产生一些心理问题。

遇到这样的情况，作为家长，我们该怎么办？玲玲的父母做得就很好。首先，家长不能大惊小怪，要知道学习过程中成绩出现起伏是很正常的事情，家长一惊一乍，只会加重孩子的心理负担，对解决孩子面临的问题没有任何帮助。面对这样的情况，我们不妨让"子弹飞一会儿"，锻炼一下孩子的抗挫折能力，从旁提供一些必要的指导，让孩子自己调整状态，尽快从暂时的困境中走出来。如此处理，不但能够解决孩子学习上的困难，还可以锻炼他的抗挫折能力，以后再遇到困难的时候，他就可以沉着应对了。

这里有必要强调一点，我们说让孩子自己处理，并不意味着我们家长可以放任不管，默然视之。在这个过程中，我们要做到"内紧外松"，不要给孩子压力，但是在孩子需要的时候要及时给他建议和帮助，协助他解决好问题，全面、立体地培养他的综合素养。

除了学习外，孩子在生活中还会遇到很多问题。但很多家长似乎只知道学习，只要孩子肯学习、成绩好，对孩子的要求往往有求必应。时间长了，孩子就会觉得父母为自己做什么事都是应该的，当自己的要求突然得不到满足时，他脆弱的心态就会崩溃。

六年级的亮亮一直是家里的核心，从小到大，爸爸妈妈都尽量满足他的要求。寒假的时候，他要求爸爸给自己买一部手机，说班里的很多同学都有手机，快毕业了，他们要相互留联系方式，并保证不影响学习，而且手机可以上网查资料。看在亮亮学习成绩还不错的份儿上，爸爸没怎么多想，就给他买了一部手机。刚开始，亮亮每天只是用手机和同学聊聊天而已，渐渐地就在同学的诱惑下玩起了各种手游。起初他还只是在不学习的时候玩，晚上还会把手机收起来，到后来却越玩越上瘾，一直玩到深夜还不睡觉。眼看快要开学了，爸爸让亮亮把手机交给自己保管，顺便帮他调整一下状态，亮亮却死活不同意。爸爸怒不可遏，狠狠地教训了亮亮一顿。亮亮觉得爸爸不爱他了，既难过又消沉，一下子变得萎靡不振了。

亮亮之所以会变成这样，不仅仅是因为被没收了手机，也不仅仅是因为挨了打造成的，而是他的成长过程似乎早已注定了现在的结果，只是时间的早晚而已。

　　其实，这正是亮亮抗挫折能力不足的一种表现。在父母的溺爱下，亮亮的抗挫折能力没有得到有效锻炼。在正常人看来，不玩手机就不玩嘛，算不上什么大事；但对于没有经历过被拒绝与挫折的亮亮而言，这个打击实在是太严重了，他从内心里无法接受这种"不被满足"的感觉，面对突然间的"被拒绝"，他的心态失衡了。

　　抗挫折能力的内涵并不像我们想象的那么简单。我们在教育孩子的过程中，必须要教会孩子"愈挫愈勇""迎难而上"等道理，要让他明白，只要肯努力，困难就有解决的希望。同时也要让他懂得，不可能所有人都围着他一个人转，为所欲为的世界是不存在的。就像案例中的亮亮一样，当他沉迷手机游戏、不眠不休之后，他玩手机的权利就应该被剥夺，这是理所应当的。孩子只有在懂得了这些道理之后，才有可能正确地看待这个问题，同时这也是对孩子抗挫折能力的培养。

我们该如何培养孩子的抗挫折能力呢？这里提供以下6条建议：

第一，当孩子遇到挫折时，父母不要急着参与，不要在第一时间就冲过去帮忙，可以先让孩子自行解决，培养他自己处理问题的能力。

第二，当孩子遇到挫折，哭泣时，父母不要只照顾他的情绪，还要引导他说出为什么会出现这种情况，并告诉他遇到这种事情该怎么解决。

第三，在孩子遇到挫折之前，就让孩子知道可能会遇到一些困难，遇到相应困难要想办法解决，从而培养孩子的心理承受能力和应变能力。

第四，在日常生活中，要经常给孩子讲一些优秀人物的故事，让孩子知道人外有人、天外有天，学会承认别人的优秀，不要故步自封，更不能以自我为中心。

第五，当孩子遇到挫折时，要让孩子先控制住情绪，调整好自己的状态。因为他迟早要独立，以后不会有人像爸爸妈妈一样，凡事都照顾他的情绪。

第六，当孩子遇到挫折时，父母要教他们反省自己，遇事先从自身找原因。

经历挫折，孩子才会成长

有位哲人说："要想不受挫折，那么除非夭折。"谁的人生都不可能一帆风顺，都会经历这样或那样的挫折与失败。在教育孩子的过程中，重点不可谓不多，但教会孩子正确应对挫折这件事，对于孩子的成长来说无疑是重中之重。

当孩子努力去学习、努力去做事，结果却不尽如人意的时候，他的内心肯定是非常沮丧、非常懊恼的。这个时候，如何让孩子以良好的心理面对暂时的挫折，就显得尤为重要了。

二年级的军军爱学习，也爱运动，他所在的学校也是当地的体育强校，开办了很多特长班供同学们选择。军军加入了学校的冰球训练营，每个周末他都会去冰球馆和队友们一起训练。教练讲的各种技术要领他都牢记于心，教练示范的各种动作他也用心去练习。每天早上他还要跑步去学校，放学后又跑步回家，不断地提高着自己的身体素质。

转眼间，一个学期的训练马上就要结束了，教练通知大家，期末考试结束后冰球队要进行一次选拔赛，表现优秀的队员会去市里打比赛。对于这次选拔，军军自信满满，他对爸爸说自己一定可以被选上，爸爸也鼓励他加油加油再加油。

到了选拔赛那天，军军信心满满地来参加选拔赛，比赛中也表现得非常积极，频频威胁对方的球门。但在一次碰撞中，意外发生了，军军的小腿被对方的冰刀划伤了，军军被迫下场。失去了军军后，球队兵败如山倒，被对方连灌三球，最终失利。更重要的是，本来教练是很看好军军的，但是军军的伤势让他无法赶上即将开始的市比赛，教练只能忍痛割爱，选择了其他同学。

回到家后，军军躺在床上休息，爸爸妈妈过来安慰他，没想到军军却笑着说："爸爸妈妈，你们不用安慰我，我知道你们担心我会因此一蹶不振，我没事的，如果不是意外受伤，我想队里的主力前锋非我莫属，教练也说过我的速度是队里最快的。比赛又不是就这么一次，等我伤好了肯定还有很多比赛等着我呢！"

听了军军的话，妈妈欣慰地对儿子说："军军，你能坦然面对这样的结果，妈妈感到非常欣慰。其实，人不会总是一帆风顺的，总会遇到各种各样的挫折，总会有一些不如意的事阻碍我们的步伐，会有一些小坎坷让你跌倒，这就是挫折。遇到挫折，跌倒了并不可怕，重要的是要勇敢地爬起来，继续前行！妈妈相信你是最棒的！"

我们的孩子就像一棵小树，在他们成长的过程中，肯定会经历风雨，也只有这样，他们才能把自己的根系扎得越来越深，越来越稳，才能最终成长为参天大树。正如小鸟要忍受折翅的痛苦才能飞得更高更远，一个孩子也需要挫折来磨砺才能真正得到成长。

小晴今年读九年级，她从小到大都很努力，学习成绩也一直名列前茅，爸爸妈妈对她抱有很大的期望，老师和同学们也很看好她，觉得她一定能考上市里最好的高中。

　　时间过得很快，中考的日子如约而至。千千万万的孩子走进考场，开始了他们的征程。考试结束之后，自然是几家欢喜几家愁，有的孩子超常发挥，有的孩子正常发挥，还有的孩子发挥失常。小晴就是那个发挥失常的孩子。她考试时过于紧张，心跳加快，手和胳膊一直在发抖，状态一直没调整过来。结果可想而知，她没能考上自己理想的高中。这样的结果是家长和老师都没有想到的，她自己也接受不了这样的事实。

中考失利后，小晴整天把自己关在房间里，她不想跟任何人说话，觉得自己辜负了大家，也辜负了自己。无论父母怎么开导她，她都听不进去。爸爸妈妈非常着急，他们已经顾不上埋怨孩子，只希望孩子能够坦然地面对眼前的困难就好。

最后，爸爸把小晴初中时的班主任老师请到家里来开导她。老师说："你在我心里面一直是最优秀的学生，虽然这次考试没发挥好，但是又能怎么样呢？毕竟考试已经过去了，你要坦然面对这样的结果。是不是？"

"可是大家一定会嘲笑我的，而且我也让您和爸爸妈妈失望了。"小晴含着泪说道。

老师笑着安慰她："已经过去的就让它过去，最关键的是过好将来。虽然重点高中你没有考上，但是你还能上别的高中啊，念高中只是你向前走的一条路，只要能考上满意的大学，在哪所高中念不一样呢！最重要的是要知道自己这次为什么会遭遇挫折，分析原因，争取以后不要再犯同样的错误。挫折不可怕，可怕的是你在挫折面前一蹶不振，那样老师才会真的对你失望。你的学习成绩好不好，老师知道，你也知道，中考成绩并不代表你没有好好学习，你在老师眼里依然是那个优秀的同学，老师希望你能振作起来，迎接新的挑战！"

听了老师的话，小晴的心一下敞亮了许多。老师说得对，自己还有机会，三年后的高考，自己要向所有人展现自己的实力。想到这里，小晴一下子又斗志满怀了。

总之，孩子的成长需要鼓励，也需要经历挫折。当孩子被当作温室中的花朵来培养时，他便经不起风吹雨打，也受不起一点儿挫折。一次考试的失败，就会把他打倒。其实，一个人只要努力了，全力以赴地拼搏了，即使最后考不上大学，考不上自己理想的学校，也并不意味着人生从此就再无希望。只要能正视现实，并在此基础上不断努力，以后的生活照样会很精彩。

引导孩子直面挫折

由于家庭环境的不同，每个孩子的成长经历也不尽相同。有些孩子在生活中遇到挫折的机会可能很少，这类孩子在顺境中可以应对自如，阳光灿烂，但一旦遭到挫折，便一蹶不振，对生活失去信心。而有的孩子，从小经历过一些挫折的磨砺，锻炼了较强的抗挫折能力，当挫折再次出现的时候，便可以沉着应对。作为父母，我们都希望自己的孩子能够很好地应对挫折，所以我们在平时要有意识地锻炼孩子，提高孩子的抗挫折能力。

当孩子面临挫折的时候，作为家长，我们不能总是想着如何帮孩子避开挫折，而是要引导孩子面对挫折、战胜挫折，从而不断地提高孩子面对挫折、解决问题的能力。

小辉的爸爸妈妈一直在外地工作，他从小和奶奶生活在一起。

奶奶觉得孩子不在爸爸妈妈身边挺可怜，对小辉的生活照顾得无微不至，不让小辉受一点儿委屈。在奶奶的长期溺爱下，小辉变得日益任性与蛮横。和小朋友一起玩的时候，他经常一言不合就动手，引起其他小朋友家长的不满，护犊子的奶奶有好几次都与对方发生了冲突，在小区里造成了很不好的影响。

有一次，小辉和小朋友们玩的时候，其中一个小朋友和他发生了分歧，二人争吵起来后，小辉立即动手推了那个小朋友，对方也不是善茬，马上把其他小朋友都叫走，结果谁也不和小辉玩了。小辉气得大哭了起来。

小辉跑回家，向奶奶哭诉了自己的遭遇。奶奶听说孙子受了委屈，就准备去找其他小朋友理论。正好这时小辉的妈妈打来了电话，听完事情的原委后，妈妈劝住了奶奶，并且希望小辉能反思一下自己的行为，看看自己是不是哪儿做得不对。

小辉见妈妈不赞同自己，便没有了刚才的气势，然后停止了哭泣，默默地回到自己的屋里。妈妈又告诉小辉的奶奶，不要总是惯着小辉，很多时候问题明明是出在小辉身上，如果不帮助他及时地纠正错误，孩子长大后肯定会吃大亏的。放下电话，小辉的奶奶半天没说话，她不得不认同儿媳的话，深知不能再这样下去，一定要改一改对小辉的教育方式了。

中国的传统观念中，有"隔代亲"的说法，认为祖孙之间的感情是最浓烈的，所以老人带孩子容易溺爱，容易培养出以自我为中心的孩子。小辉就属于这种类型，在和小朋友玩耍时，由于意见不一致，又不懂得处理，导致他伤害了别人，自己也受到了伤害，遇到了小小的心理挫折。这个时候奶奶的第一反应就是通过自己的介入让小辉避免挫折。爱孩子是毋庸置疑的，但长期溺爱会使小辉的抗挫折能力越来越弱，到最后甚至还会认为奶奶帮自己解决问题是理所应当的，自己可以尽情惹祸，凡事都有奶奶扛着，这对他的成长极为不利。所以我们应该像小辉的妈妈那样，理性地引导孩子自己面对挫折，反思自己的行为，这才是真正地为孩子负责。

丽丽是个活泼可爱的小女孩，既聪明，又爱学习，大家都很喜欢她，她也习惯了在别人的夸赞下生活。丽丽的爸爸妈妈也认为自己的女儿就是优秀，这些夸奖对自己的孩子而言是实至名归，每个学期的三好学生奖状就是为女儿定制的。

劳动节的时候，老师给孩子们布置了家庭作业，让孩子们绘制一幅手抄报，假期结束后交上来，学校会评比，并在宣传栏里展览。由于丽丽家已经计划好利用假期出去旅游，所以手抄报的事就被她抛之脑后了。旅程结束后，已经是开学前一天的晚上了，这时丽丽才想起自己的手抄报，便匆匆忙忙绘制了一幅。虽然时间匆忙，但丽丽觉得自己画得不错，爸爸妈妈也夸奖女儿天赋满满。

评比的结果出来了，丽丽匆忙间完成的作品并没有得到评委的认可，丽丽的手抄报当然也没有出现在宣传栏里。看到结果的丽丽一下子受不了了。她在学校走廊里大吵大闹起来，歇斯底里地喊着"评委不公平""有黑幕""为什么不让我的手抄报入选"等，很快，整个学校都在讨论丽丽夸张的行为。

　　爸爸妈妈没想到女儿竟然这么偏激,老师也没想到平时乖巧听话的丽丽会有如此激烈的反应。老师认为这是个非常严重的问题,如果处理不好,会对丽丽的成长产生非常不好的影响。在跟丽丽的父母沟通时,他说丽丽之所以出现这样的情况,是抗挫折能力太弱导致的,一张手抄报就能让丽丽有如此激烈的反应,那面临更严重的挫折的时候,丽丽怎么能够承受呢?

　　听了老师的话,丽丽的爸爸妈妈开始反省自己的教育方式。以前,为了增强孩子的自信心,他们总是用肯定的语气跟孩子说话,很少去批评或否定孩子,丽丽从小就生长在赞誉的环境中,没有经历过什么挫折,只能听好话,听不得别人的否定,从而导致孩子抗挫折能力很弱,经不起否定,无法正确地看待批评,更谈不上闻过则喜、三省吾身之类了。

总之，面对挫折，我们首先要引导孩子正视挫折，要让他明白所有的事情并不都是遂其所愿、一帆风顺的。事情的结果如自己所愿最好，如果出现不理想的结果，也要勇敢冷静地去面对。我们要让孩子明白，最重要的是享受努力的过程，而不能太过在意最终的目的。因为只有扛得住挫折，才配得上成功。

挫折教育的关键是矫正孩子的心理

现在的孩子与以往任何一个时代的孩子都不同。成长环境的相对优越，确切地说是极大优越，导致很多孩子就像温室里的花朵，长期岁月静好，花团锦簇，没遭受过一点儿风风雨雨。然而，社会并不是温室，不会像温室一样为他们遮风挡雨。当这些娇嫩的花朵离开温室，必然会产生严重的不适感。为了让孩子尽早地适应社会中的风风雨雨，我们在教育孩子的过程中，要有意识地对他进行适度的挫折教育，而对孩子进行挫折教育的关键，则是矫正孩子的主观思想。

小青今年10岁了，上小学四年级。有一次，小青和同学约好去公园玩，外出时，他把乘车的路费顺手装进了衣服口袋里。他在公园和同学玩了好久，一会儿去凉亭里玩，一会儿踢足球，一会儿捉迷藏，玩得非常开心。到了下午，大家都要回家了，小青和同学告别后，独自去公交车站坐车。要上车的时候，他伸手一摸口袋，心里陡然一惊，原来不知什么时候，他把坐车回家的钱弄丢了。

这下他可着急了，怎么办？他焦急的心里一直在追问，没钱怎么回家呀？他在公园找了好几圈，但终究没找到。他真的好想哭……

后来，他突然想到妈妈对他说过的话：遇到事情不要惊慌，尽量寻求帮助。

恰好，小青看到车站边有一位警察叔叔，他便把自己的情况告诉了警察叔叔。警察叔叔立即给小青的妈妈打了电话，小青的妈妈得到消息后很快便赶过来找他。见到妈妈，小青很内疚，对妈妈说："妈妈，对不起，我不小心把钱弄丢了，让你担心了。"

妈妈虽然有点儿生气，但更多的是欣慰，孩子遇到困难时能通过寻求警察的帮助，解决问题，这不是很优秀吗？而且妈妈觉得这是一次很好的挫折教育，于是妈妈对小青说："小青，你能在遇到突发事件的时候主动寻求帮助，妈妈很高兴，说明我们家小青懂得应对挫折，勇敢面对挫折了。只要你安全，钱丢了也没关系的。但你也要从这件事中吸取经验和教训，不要再犯同样的错误了，好不好？"

小青说："我以后拿上钱，一定把它保管好，绝不会再弄丢了。"妈妈说："还有其他的想法吗？"

小青想了想，继续说道："遇到事情不能慌乱，要努力想解决问题的办法。办法总比困难多。"

妈妈说："你说得很对，以后爸爸妈妈不可能一直陪在你身边，不论遇到什么事情都不要惊慌，要冷静面对，临危不乱，去想解决问题的办法。今天你就很机智地应对了你所遇到的困难，妈妈相信你以后再遇到困难时会更好地去面对。"

尽管小青向妈妈做了保证，但我们都知道，类似事情的发生其实在所难免。偶尔丢东西也是正常现象，只要不总是丢三落四就行，重要的是如何应对这些计划外的突发情况。就像上面的案例所展现的，作为一个生活阅历与经历并不多的孩子，当小青遇到丢钱的事情时，虽然也着急、惊慌，但后来还是通过自行想办法解决了问题，而不是一味地着急、惊慌。尽管这里所谓的自行想办法，不过是想起了妈妈之前对他说的话，但正是那一句简单的嘱托解决了他的现实问题，这说明妈妈对小青的挫折教育是成功的。

小雨是个小学二年级的学生，他聪明好学，而且动手能力超强，对什么事情都感到好奇。

　　有一天，他在看课外书时，发现远古时代的人们需要多个人一起出去寻找食物，一起去打猎，顿时觉得远古时代的人们生活很有趣。让他尤其关注的是书上的一幅配图，图片展现的是几个原始男人手里拿着自己做的长矛出去打猎的情景，那几个人拿长矛打猎的动作各种各样，有手里握着长矛正在走路的，有将长矛举过头顶的，还有正好将长矛准备投掷出去捕猎的……他看着看着，突然灵机一动，然后马上跑到客厅，找出自己的旧金箍棒、剪刀、几根不同颜色的吸管、一卷大胶带等，开始了自行制作长矛的过程。

　　小雨首先把红色的吸管用剪刀剪成相同长度的几段，接着用胶带将它们绑在金箍棒上，然后又将绿色吸管剪成细尖形状，当作长矛的矛头，最后再将其用胶带粘在红色吸管的中间，一把长矛就做好了。但是没想到的是，他在用剪刀剪胶带的时候，却剪到了自己的手指，疼得他"哎呀"一声大叫起来。妈妈听到赶紧跑过来，立即给他处理伤口。

　　经历了意外事件的小雨有点难过，他没精打采地躺在了沙发上。

　　妈妈看见他这副样子，走过来说："小雨，被剪刀剪一下的感受一定不好吧？妈妈很心疼。你是不是觉得自己会用剪刀了，而且都用过那么多次了，有些大意了？"儿子说："是的，妈妈，我觉得自己拿剪刀都剪过那么多东西也没事，觉得自己的技术非常熟练了。但今天却用剪刀把自己割伤了，都怪自己大意了。这要被小军他们知道，还不得笑死我？"妈妈说："别人笑不笑不重要，重要的是以后记得用刀子、剪子这些危险物品时要格外小心，记得要保护好自己。今天那把小剪刀的功劳还不小呢，你做的长矛和书上画得真像啊！"

小雨点点头，又兴奋地介绍起他的长矛来。他一边说着，还一边照着书上的原始人拿长矛的动作摆起姿势来了，妈妈不断地夸着他拿"长矛"的姿势真帅！

在孩子的成长过程中，他的前方就像是一座座崎岖不平的高山，等待着他去翻越，并让他在摸爬滚打中得到成长。而且他也只有在这样的过程中才有可能获得成长。而作为父母，小雨的妈妈给我们做好了榜样。她在儿子遇到困难、遇到挫折时，没有一上来就责备儿子，而是先处理好孩子的伤口，再心平气和地借助这次挫折去教育孩子，让他学会保护自己。同时得到保护的还有孩子的天性与兴趣爱好。小雨的妈妈没有像很多父母那样因噎废食，打着保护孩子的旗号，把孩子死死地捏在手心里。

愈挫愈勇的孩子最强大

当提到挫折教育的时候，很多爸爸妈妈会说："让孩子一帆风顺地成长不好吗？为什么要让孩子经历挫折呢？"作为父母，我们可以让孩子现在一帆风顺，但我们无法确保他能一生无忧。只有让孩子经历挫折，孩子才能真正成长。孩子只有亲身经历挫折，才能让他在战胜挫折的过程中对这一经历刻骨铭心，并将这种感受内化为一种愈挫愈勇的品质。这对于孩子来说，无疑是一笔巨大的财富。

成成是个聪明又可爱的小男孩，他的爸爸和妈妈非常注重对他的教育。

一天，成成在爸爸面前撒着娇说："爸爸，爸爸，我想去公园玩，你可以陪我一起去吗？"爸爸看着孩子渴望的眼神，爽快地答应道："好啊，那咱们怎么去呀？"成成想了想说："咱们骑自行车去吧。"

于是，成成和爸爸一起骑自行车去公园里玩。

成成骑着他的小自行车，爸爸骑着大自行车，他们一起快乐地骑向公园。快到公园时有一段下坡路，成成由于没有及时刹车减速，导致自行车不听使唤，撞到了路旁的一棵树上，成成和自行车一起摔倒在地。

爸爸看着儿子摔倒在地，赶紧过去查看，发现儿子并没有受伤，于是站在成成旁边问道："儿子，怎么样？需要爸爸帮忙吗？"成成带着哭腔说："爸爸，你快来帮帮我吧，我被自行车压得起不来。"爸爸过去帮儿子抬起自行车，又伸出一只手将儿子一把拉了起来。儿子说："谢谢爸爸！"爸爸说："没关系，你感觉怎么样？摔到哪里了？还能骑自行车吗？"

成成虽然很疼，但他依然坚强地说："没事，爸爸，我还能骑。咱们走吧。"

成成和爸爸又骑着自行车一起向公园骑去。到了公园，他们玩得很开心。当他们骑着自行车到了公园的一个下坡路段时，成成知道自己控制不住车速，所以提前下了车，推着自行车走过了那段下坡路。看着儿子经过刚才的事故吸取了教训，爸爸欣慰地笑了。

成成第一次遇到下坡路摔倒时，爸爸并没有过多地批评和指责他，而是给他留下自己思考的空间；因此当他再次遇到下坡路时，就知道应该怎么去做了，这就是挫折教育带给孩子的益处。而有的家长却见不得孩子受委屈，一看到孩子哭泣，心就会变软，最后还是选择了让孩子逃避困难。

优秀的品质，再多也不嫌多；低劣的品质，再少也不要嫌少。所以在孩子的成长过程中，家长要不断地增强孩子的抗挫折能力。我们可以简单地把抗挫折能力看作是一个人对挫折的忍耐度，即使孩子遇到挫折的时候，即便孩子无法跨越它，但只要能够以乐观、积极的态度来面对挫折，很多挫折本身并没有那么可怕。

强强今年高三毕业，并且如愿考上了自己心仪的大学。在大学开学前，他决定去工地打工挣钱，帮爸爸妈妈分担一些经济压力。

很快，他来到工地上，和其他工人一起搬砖、推车、抬钢筋，一天要工作十几个小时，累得他浑身上下都疼，躺下就能睡着。

有一次，他们加班到很晚，天空突然下起了大雨，他没有雨具，也没有可以避雨的地方。左找右找找到了一块塑料，他便用手撑着那块塑料挡雨，没多久手就发麻了。在漫天的大雨中，他哭了，他

真正地感受到了生活的不易，感受到了挣钱的不易。

在工地上，他感觉自己已经拼尽了全力在干活，但工头还是嫌他做得慢，做得不好。有时还会骂他几句："做不了就别做，慢吞吞的！"强强很委屈，但他一遍又一遍地告诫自己，一定要坚持一个月，一定要把钱挣到手。最终，他拿到了几千元的工资。看着自己辛辛苦苦挣到的钱，他默默地发誓道："我一定要努力学习，一定要通过努力改变自己的境遇，一定要让爸爸妈妈过上幸福的生活！"

当人们遇到困难、挫折的时候，有90%以上的人会有5种反应，分别是攻击、退化、压抑、固执和退却。能够正向思考的人所占的比率还不到10%。大多数人在遇到挫折、困难时，都会习惯性地一味否认、责备自己，他们并不知道该怎么去调整自己的情绪。而强强就属于那不到10%的能够正向思考的人。相信越挫越勇的他在未来会愈发强大。

挫折是考验，更是机遇

今天的很多孩子存在着心理问题，这在很大程度上是因为他们的家人尤其是他们的父母一直忽视他们的感受和需求，只关注表现，特别是只关注学习成绩造成的。但是归根结底，还是因为我们的孩子缺乏足够的抗挫折能力，从而导致他们的心理出了问题。这必须引起我们家长的重视，我们要在平时对孩子进行一些抗挫折教育，从而提升他们的心理承受能力。同时，我们要告诉孩子如何正确地面对挫折，告诉他们挫折是考验，也是机遇，只要应对得当，不仅会增强我们抗挫折的能力，还能在应对挫折的过程中重新认识自己，不断地提升自己。

在新的学期，琪琪升入了小学三年级，开始学习英语。在英语课上，老师一遍一遍地教大家学习音标，带着大家读。琪琪觉得没必要读那么多遍，便在里面滥竽充数。结果她有很多音标都没有学会，因此单词也不会读，更别提背写单词了。老师有几次对他们全班进行英语检测，琪琪的英语单词只写对几个，老师便把琪琪的情况告诉了她的爸爸妈妈。

爸爸妈妈听到琪琪的表现后有点儿生气，下意识地觉得琪琪上课怎么可以不好好听课呢？琪琪那么聪明，英语怎么会有那么多不会的单词呢？冷静下来后，他们决定和孩子聊聊天，听听孩子的想法，为什么其他课程学得挺好，偏偏英语学不好呢？

　　沟通过程中，爸爸妈妈只是就事论事地帮琪琪分析学习中存在的问题，丝毫没有责备和训斥孩子，同时希望琪琪能够认真面对这次学习过程中出现的问题，汲取教训，改进自己的学习方法。妈妈告诉琪琪，出现问题不可怕，努力解决就好了。要将这次出现的问题看成是转变自己学习态度的一个良好契机，争取在以后的学习中能够认真面对，踏踏实实学习。

本来，琪琪觉得爸爸妈妈肯定会骂自己，但听了他们的话，琪琪的心里总算踏实了。同时她也认识到，自己确实存在学习态度不端正的问题，看来自己确实需要认真学习了。

琪琪的爸爸妈妈是睿智型的父母，得知孩子的英语学得不太好时，他们没有像其他家长那样暴跳如雷、劈头盖脸地骂孩子，也没有置若罔闻，这只耳朵进那只耳朵出。他们知道孩子只是在学习中遇到了一点儿小困难，作为父母，需要先冷静下来，然后理智地引导孩子，帮孩子厘清思路。孩子遇到挫折并不可怕，可怕的是不敢面对。在父母的正确引导下，琪琪不但认识到了自己学习上存在的问题，而且能够反思自己学习中存在的问题，为之后以更好的状态投入到学习中打下了基础。

当然，并不是所有的家长都能像琪琪的父母那样，能够正确地面对孩子在学习中存在的问题。当孩子遇到挫折的时候，我们不正确的引导方式不但无法教会孩子如何正确地应对挫折，将挫折转化为机遇，反而因为家长的不合理干预，导致孩子在错误的道路上一错再错，从而引发更多的问题。

小兵上一年级了，看着他天天学习，不断接受新知识，妈妈打心眼里替他高兴。

有一天，小兵在做语文作业时，突然哭了起来。妈妈听到小兵的哭声，立即跑过来问："小兵，怎么了？"

小兵一边哭，一边叫着说："这题太难了，我看不懂！"妈妈拿过题一看，这有何难？然后她一边鼓励表扬小兵做得好的地方，一边教小兵解决那道难题。

可是有时候，妈妈很忙，小兵领悟得又慢，于是妈妈在教他两遍他还是不会时，索性把答案直接告诉了小兵。这无疑是大错特错。果不其然，当同样的情景出现了几次之后，小兵每次遇到难题，就立即说"不会做""看不懂"之类的话，遇到其他的事情也都会依赖妈妈，久而久之，他的依赖心理也就越来越严重。

人都是趋利避害的，我们的大脑会下意识且千方百计地节约能量，而思考恰恰是最耗费能量的事。像小兵那样，每次遇到难题只要喊妈妈就能解决，他自然就不愿意自己动脑思考了。这同样是抗挫折能力低的表现之一，这样下去，就会导致孩子抗挫折的能力越来越低。所以当孩子遇到挫折时，父母不要过多地参与，要把主体的位置还给孩子，给他一次锻炼的机会。

合理的锻炼无疑会提高孩子的抗挫折能力。具体说来，家长可以从以下三个方面着手一试：

（1）设置挫折情景。设置挫折情景，主要是由成年人来利用现实情境或模拟日常生活中出现的问题，让孩子根据自己已有的生活经验，经过自己的努力克服困难，完成任务。当然我们要根据孩子的心理承受能力和理解能力来设定"情景"的难度和强度，避免挫伤孩子的自尊心和自信心。

（2）培养挫折意识。孩子遇到困难时，家长应及时地给予引导，使孩子能够正确地认识挫折，并且让孩子产生挫折并不可怕、谁都可以把挫折踩在脚下的正向意识。

（3）言传身教。父母在日常生活中对待挫折的态度、反应，以及良好的品德、个性等，都会对孩子起到潜移默化的渗透作用，犹如春雨，"随风潜入夜，润物细无声"。父母是孩子的榜样，孩子会、且通常只会在家长的影响下逐渐建立起自己对生活的看法。

总之，当孩子在生活中遭遇挫折时，家长要在鼓励孩子的基础上帮他梳理经验，以便他能吃一堑长一智，化挫折为成长机遇，这也是挫折教育的最终目的。

第二章

经历挫折，才能明白生活的不易

现在的孩子大多都是在"蜜罐"里泡大的。他们从一出生就被爸爸妈妈、爷爷奶奶、姥姥姥爷千方百计地宠溺着。他们过着"衣来伸手、饭来张口"的小公主或小王子般的生活，父母长辈的精心呵护，让他们很难会经历任何坎坷。他们得到的一切也是轻而易举、毫不费力的，所以他们很难体会生活的艰辛与不易。在这样的环境中长大的孩子，就如同温室里的花朵，经不起外面的风吹雨打。他们日后走向社会，难以自立、自强。只有让他们经历一些磨难和挫折，他们才会明白生活的不易，并在一次次的受挫中练就强大的内心，坦然面对不确定的未来。

重视孩子抗挫折能力的培养

我们经常听到一些父母抱怨，说现在的孩子又脆弱又敏感，不能接受家长和老师的任何批评。也有一些父母反映，说有的孩子接受不了自己成绩的下滑，当他们的考试成绩不如其他同学时，不是自暴自弃、心情低落，就是通过大吵大闹来发泄心中的不满。孩子之所以会出现这些情况，都是其抗挫折能力欠缺的具体表现。归根结底，这些情况的发生，多是由父母日常生活中错误的行为导致的。

小阳今年读初二，学习成绩在班里属于中上等，稍微加把劲，成绩就能排到班里的前几名，而稍微一放松，成绩就下滑得厉害。

每当小阳的成绩取得进步的时候，他就是爸爸妈妈眼中的骄傲，爸爸妈妈恨不得把他捧到天上去。餐桌上的美味多了，手机也可以随便玩了；但当小阳的学习成绩滑落的时候，那家里就是另一番情景了，妈妈嘴里那话都是"带着刀子"出来的，每一句话都扎到小阳的心头，让他本来就低落的心情更加地难过。

时间长了，小阳对自己的学习成绩非常地敏感，他越害怕自己的成绩滑落，他的学习成绩就越滑落得厉害。慢慢地，小阳变得敏感而消极，总是自暴自弃，认为自己的能力就是不行，不是学习的料。

在我们身边，有很多孩子像小阳那样，因为父母错误的教育方式，不能正确地应对一些困难和挫折。他们原本很优秀，但当遇到学习或生活中的一些挫折时，父母不是去耐心地指导与鼓励，而是进行冰冷的言语刺激。因为无法正确地面对并战胜挫折，慢慢地，他们变得愈发敏感、脆弱，甚至自暴自弃。

除了上面案例中小阳的父母那样的行为外，父母的其他一些行为也会阻碍孩子抗挫折能力的培养。孩子的抗挫折能力，长期得不到锻炼，就会让孩子成为弱不禁风的"豆芽"。

比如，有一些家长溺爱孩子，明知孩子的一些行为是错的，但由于溺爱，不忍心让孩子承受委屈，进而去"帮助"孩子逃避困难，最终导致孩子抗挫折能力的削弱。

还有一些家长，由于自身缺乏对是非对错的合理认知，会想当然地认为孩子在遇到挫折时，选择逃避也是一种正确的做法。在这些父母的眼里，只要孩子有事，父母就应该帮助解决。殊不知，这样的行为会让孩子变得过度依赖父母，同时也会让孩子的抗挫折能力变得越来越弱。

还有一些家长喜欢拿自己的孩子跟别人家孩子作比较。他们经常说"你看看别人家的孩子，考了全班第一，再看看你，和人家差了多少"这样的话。殊不知，这样的话说多了，会极大地打压孩子的积极性。

上述父母的这些行为，如果比较频繁地发生，那么久而久之，他们的孩子就会变得自卑而懦弱，哪怕遇到芝麻大小的小问题，他们也会想不开，抗挫折能力越来越差。因此，作为父母，我们一定要重视孩子抗挫折能力的培养。在日常生活中多注意自己的言语行为，既不要打压孩子的积极性，也不要溺爱，而是要积极引导，让孩子能够勇敢地面对并战胜挫折。

在平时和孩子相处的过程中，作为家长，我们要注意避开一些错误的行为，不让这些行为影响孩子抗挫折能力的培养。具体来说，我们可以从如下两个方面进行着手：

（1）给孩子独立锻炼的机会。经受挫折，对孩子来说未必是一件坏事，关键就在于家长对待这件事的态度。无论孩子有多大，在家长眼中永远是孩子，给孩子的关心和呵护永远不会少。但家长是否考虑过，你对孩子过多的关心有可能会对他造成莫大的压力，过多的关心也不利于孩子的成长与独立。家长正确的做法是适时地放手，给孩子独立锻炼的机会，让孩子自己安排时间，独立生活、独立解决问题，也可以让孩子到父母工作的地方去体验一下生活。

（2）要让孩子敢于面对错误。在孩子的成长过程中，家长要时常对孩子加以夸赞，这样他才会有前进的动力。但是，当孩子犯错误的时候，父母千万不要一味地袒护孩子，而是要站在孩子的角度，让他能够勇敢地面对错误、反省自己。

要让孩子体会爸爸妈妈的不容易

在生活中，父母爱护自己的孩子是合情合理的，但不要让这份爱阻碍了孩子抗挫折能力的培养。有时候，我们也需要让孩子吃一些生活的苦头，让他从内心深处认识到爸爸妈妈的不容易，同时对于父母为其提供美好生活而付出的艰辛也能够感同身受。只有这样，孩子才能真正地认识生活，也才能真正地明白父母的不易，并能从中懂得生活中挫折是无处不在的，进而他也才会勇敢地面对挫折，才能更好地成长。

二年级的小亮是个活泼可爱的孩子，爸爸妈妈非常疼爱他。看着孩子一天天长大，爸爸妈妈也在不断地学习如何培养一个优秀的孩子。他们认为让孩子学习知识是一方面，更多的是让孩子学会生活技能，学会应对生活中可能出现的各种问题。

暑假到了，爸爸和妈妈决定让小亮体验一下生活，过一个充实而有意义的暑假。

每天早起，爸爸妈妈都要带着小亮出去晨跑，锻炼身体，看看早上初升的太阳。每天做饭，小亮都要亲自参与，忙前忙后，享受一家人分工合作、其乐融融的幸福氛围。饭后，刷锅洗碗的任务小亮承包了，妈妈会从旁指导，告诉小亮在洗碗之前先放一些洗涤灵，然后拿抹布将碗一个一个地由内向外洗一遍，再用清水将碗冲洗干净，最后放入碗柜中。

小亮在体验了一次洗碗后，对妈妈说："妈妈，原来洗碗也有这么多程序啊，你每天都要洗三次碗，一年得洗多少次啊？真是太辛苦了，太不容易了。"

妈妈说："宝贝，无论做什么事都不容易，你只要将当下的每一件事做好就行，然后坚持去做。"

其实，刚开始晨跑的时候，小亮有点儿不情愿，因为晨跑需要每天早起，他害怕自己坚持不下来。后来在爸爸妈妈的鼓励下，小亮开始坚持早起，几天下来他做得很好，每天的锻炼都会让他有所收获。

小亮的暑假生活过得很充实，他不仅学会了做几道菜，还学会了洗碗、拖地，真切地体会到了爸爸妈妈的辛苦，同时他也看到了爸爸妈妈在面对困难的时候是如何应对的。他从内心深处明白了在生活中没有什么事是轻而易举就可以完成的，挫折和困难在所难免，只要勇敢面对，想办法去解决，就没有过不去的坎儿。

"纸上得来终觉浅，绝知此事要躬行。"如果父母只是口头上教育孩子要勇敢地面对困难与挫折，一般收效甚微。在与孩子相处的过程中，我们可以像小亮的爸爸妈妈那样，抽出一定的时间让孩子亲身去体验，这样才能有效地提升他抗挫折的能力。

每年的国庆节，大部分家长都会带着孩子去外地旅游。天天的爸爸妈妈也是这样，他们会带孩子到北京参观天安门，去爬长城。总之，几天的假期里，他们每天玩得都很开心。

可今年的国庆假期，爸爸妈妈决定带着天天回老家看望爷爷奶奶，并体验农村的生活。爷爷奶奶种的玉米成熟了，于是他们一家人和爷爷奶奶一起去地里掰玉米。

到了地里，天天便从地头开始，和爸爸妈妈、爷爷奶奶一起掰起了玉米。天天虽然上四年级了，但他以前从来都没有来地里干过活，也没有掰过玉米。刚劳动了一小会儿，天天就感觉浑身酸疼，而且玉米的叶子总是划他的胳膊。他有些生气了，便喊道："妈妈，我好累呀！我掰不动了。"

妈妈听见了，对他说："天天，妈妈也很累，奶奶爷爷都老了，他们更累。我们大家都再坚持坚持，坚持就是胜利。"

于是，天天又继续掰起了玉米。他掰一会儿然后歇一小会儿，看着爸爸妈妈坚持着，看着爷爷奶奶坚持着，又鼓起劲儿继续掰了起来。

就这样，天天坚持到了最后。当玉米被拉回爷爷奶奶家院子里的时候，他几乎累得全身都疼，两只手火辣辣地疼，不过他心里有一种说不出的高兴，因为里面有他掰的玉米，有他的辛苦劳动。

爸爸问儿子："天天，感觉怎么样？"

天天说："爸爸，去地里干活真累，我都累得全身没有一点劲儿了。"

爸爸说："我也好累啊，爷爷奶奶种粮食真辛苦，我们只是体验了其中的一天，他们从春天播种到秋天收获，要经历多少个这样的一天啊。"

天天也感叹道："是啊，爸爸，农民伯伯真是太辛苦了。以后我们要珍惜粮食，也要珍惜我们现在拥有的美好生活。"

天天在地里劳动，体验到了生活的不易，这是他在爸爸妈妈的安排下，经历的一次小小挫折。这挫折看似很小，但对天天的影响却很大。在爸爸妈妈、爷爷奶奶全家人的言行影响下，天天明白了遇到困难不退缩、坚持到底不放弃的道理，这对他今后的学习和生活，必定会产生一定的助益。

实际上，在日常生活中，家长的言语与行为不仅会影响孩子的智力和能力、行为和道德的发展，也会影响他们处理事情的方式，以及对待人际关系的方式，甚至还会影响他们自主性和意志力的培养。所以，适当地让孩子经历一些挫折，吃一些生活的苦头，他就能体会爸爸妈妈的不容易，在一定程度上也能够培养孩子的抗挫折能力。

遭遇挫折很正常，谁都不是超人

在人生的路上，每个人都会遇到挫折。如果把我们的孩子比作行将"开刃"的刀，那么挫折就是磨刀石，家长只有不停地通过挫折来磨砺孩子，孩子才能成为一把所向披靡的利刃。并且，我们还要告诉孩子：每个人都会面临挫折，每个人都会遇到困难，

因为谁都不是超人；我们想要过上更好的生活，就要不断地接受挫折的磨砺。

　　小伟聪明好动，爱说爱笑，同学们都非常喜欢他。在上小学五年级的时候，小伟生了一场大病。疾病的折磨让他变得又瘦又黑。面对突如其来的打击，小伟变得越来越内向。爸爸妈妈在家陪着他，但他不愿意说话，他觉得自己现在很难看，同学们肯定会嘲笑他。他的心中也很沮丧，他想不通，为什么疾病会找到他，让他来面对如此困难的局面。病痛折磨了小伟好几个月，爸爸妈妈花光了所有的积蓄，让人欣慰的是小伟的病痊愈了，身体也在逐渐恢复，全家人很高兴。

　　小伟的病虽然好了，但他不再愿意和同学们聊天，更不愿意和同学们开玩笑。小伟的妈妈看着孩子每天闷闷不乐，心里很着急。

　　一天下午，妈妈给小伟讲了一个故事："华罗庚是一位著名的数学家，他小时候家里很穷，他读到中学毕业，因交不起学费就被迫退学了。回到家里，他一边帮父亲干活，一边继续顽强地读书，他开始了自学。后来不幸的是，他的身体染上了伤寒，病势特别严重。他在床上躺了半年，通过积极治疗，病痊愈后，却留下了终身的残疾——他的左腿关节变形，瘸了。当时的他只有19岁，他伤心、难过、迷茫、困惑，甚至绝望。但他后来想起了古代的孙膑，双腿残疾著兵法，最后成为了一名军事家。他想自己没理由自暴自弃，他要用自己健全的头脑去努力，与命运顽强地抗争。在接下来的日子里，他白天干活，晚上自学到深夜。他自学了英文、德文、法文，发表过很多论文。他25岁时，已经是蜚声国际的青年学者了。孩子，每个人都会遇到挫折，关键是看你怎么去对待，用积极乐观的心态去面对，你可能会有意想不到的收获。"

小伟听了妈妈给他讲的这个故事，深受启发。他想自己只不过是生了一场病，况且身体已经康复，老天对他挺好。他有什么想不开的呢？渐渐地，小伟又变得像以前那样开朗、活泼了。

在遭遇困难和挫折时，有的人能够奋发向上、自强不息，征服挫折和失败，从中吸取教训，并最终获得成功；有的人一蹶不振、自暴自弃，因此丧失自信，从而放弃努力奋斗。其实，我们每个人都有遭遇挫折的可能，但面对挫折的态度决定了我们以后的人生之路所能达到的宽度。

萱萱每天写完作业，都会下楼跟小区里的小伙伴一块玩。一开始，妈妈还会陪她下去，在一旁看着她，防止她在玩的过程中发生什么意外，但是后来妈妈也就放下了自己的戒备心，觉得在小区玩也不会有什么危险，很多小朋友都是自己下楼玩的。有了这样的想法，妈妈也就不再陪萱萱一块下楼玩了。

假期里的一天，萱萱和小朋友们骑自行车玩，孩子们一会儿去这里骑，一会儿又到那儿骑。估计是他们在平地上骑着觉得没意思了，想要挑战一下，就到一个坡上骑，然后从坡上往下骑。在从坡上往下骑的时候，萱萱就感觉自己的自行车不听使唤了，失去了平衡，最后连人带车一起摔倒了。萱萱疼得使劲哭，听到哭声的妈妈赶紧下楼去找她。这时萱萱的胳膊摔得已经动不了了，妈妈赶紧带她上

医院。在医院通过拍片得知萱萱的胳膊摔骨折了，需要马上做手术。萱萱被送进手术室后，妈妈很自责，要是当时自己陪在萱萱身旁就不会发生这种事了。

看着不断自责的妈妈，一旁的奶奶不住地安慰她："孩子们玩，出点儿意外在所难免，谁都没想到孩子在小区里玩会摔骨折。再说这对于孩子而言未尝不是一件好事，经历了这次挫折后，孩子今后应该更懂得保护自己了。"

正如萱萱的奶奶所说的那样，萱萱虽然摔断了胳膊，但她知道了疼，懂得了敬畏，以后骑自行车的时候肯定不会再冒险到陡坡上去骑了。这次的教训，萱萱一定会铭记于心的。这次的挫折教育对孩子的教育意义更深刻，尽管代价有些大，但事情既然已经发生，父母正确的做法就是引导孩子勇敢去面对，并认真总结其中的教训。这样下次再遇到类似情况的时候，他就会保护自己，不至于让自己再次陷于危险的境地。

挫折是走向成功的必修课

所有的父母都希望自己的孩子是最优秀的，希望他可以在未来的人生历程中获得成功，但是我们又必须要明白，想让孩子拥有破茧成蝶时的华丽，他们就必须先要经受蜕变的痛苦与艰辛。如果孩子正在经历痛苦和挫折，家长不要为孩子过于担心，孩子在小时候经历一些挫折并不可怕。我们要知道，挫折是走向成功的必修课，只有不断地接受挫折的磨砺，孩子才能变得越来越强大。

小宇今年上二年级，他聪明活泼，乐于助人。他在学校里经常关心同学，上课积极发言，下课和同学们在操场上快乐地奔跑、玩耍。可他的字却写得不是太漂亮，做题有点儿马虎。

期中考试的时候，小宇自信满满地进入了考场。他拿到试卷后先看了看题，觉得考试的题目并不难，接着他和其他同学一样认真做起了每一道题。等考试结束后，小宇很自信地告诉妈妈："妈妈，考试的题很简单，我一定能考100分。"妈妈微笑着说："小宇，妈妈相信你的实力。"

两天后，期中考试的分数出来了，小宇考了96分，没有考100分，有些不高兴。他回到家，妈妈发现孩子的情绪很失落，就问发生了什么事情。小宇难过地说："妈妈，我的期中考试成绩出来了，没考好……没有得100分。"

妈妈看着孩子伤心的样子，温柔地说："小宇，你考试的目标是100分，对不对？现在你考的分数离100分远吗？"

"不远。"小宇回答道。

妈妈接着说："很好。妈妈问你，你平时一般吃几个饺子就饱了？"

小宇回答道："大概10个吧。"

妈妈又问："那是不是第10个饺子让你吃饱的呢？"

小宇回答道："肯定不是啊！"

妈妈语重心长地说："如果把吃饱当作是一个100分，那你吃第一个、第二个、第三个，直至吃到第九个饺子的时候，都没有达到'吃饱'这个目标，从表面上看，似乎吃前面的那9个饺子都没有用，都是一次次'失败'。其实，这10个饺子中，你每吃下一个，都是向'吃饱'靠近一步，都是向成功目标迈进一步，绝不是第10个饺子让你吃饱的。学习也是一样的道理，只有每天将学过的知识吃到肚子里，考试时将每一道题都认真去做，细心检查，考试才有可能获得你想要的成绩。即使我们暂时没有达到目标，但这次小小的失败也是在为你成功考100分做准备的。我们要做的不是遗憾这次没有考到100分，而是分析失分的原因，争取把不足补齐，把学过的知识真正地掌握。分数固然重要，但你不能光盯着分数，当你的知识学得很扎实，心态调整到最佳的时候，你想要的分数自然而然就会来了。"

听了妈妈的分析，小宇觉得很有道理，虽然自己这次失分表面上是因为粗心大意，但本质还是因为自己对知识点掌握得不熟练所导致的。另外有一分是因为自己写"0"的时候不规范，老师看成了"6"，导致丢了分。就像妈妈说的那样，如果自己把这些毛病都一一改掉，下次一定可以考到100分的。想到这里，小宇又对自己充满了信心，快乐地写作业去了。

小宇的妈妈在孩子考试成绩不理想时，并没有责备小宇，更没有对小宇表现出失望的一面，因为她深知，在漫长的人生道路上，孩子的一次考试失败只是他所经历的一次小小的挫折。作为父母，我们要让孩子明白：有目标是好事，但在实现的过程中需要付出很多的努力，这其中也可能会经历一次又一次的挫折。

小彤是个爱说爱笑的小女孩，也是个非常懂事的孩子。放暑假后，她看妈妈每天还早早地去上班，非常辛苦，她决定帮妈妈做家务，帮妈妈减轻一些负担。

有一天，吃完早饭，妈妈上班的时间快到了，小彤就对妈妈说："妈妈，你赶紧去上班吧，我来收拾碗筷，我会把厨房收拾得干干净净的。"

妈妈走后，小彤先把碗筷收拾到一起，放到了洗碗池中。她边洗碗边听音乐，不小心把碗和筷子都碰到了地上，两个碗都摔碎了。小彤刚开始吓坏了，冷静了一会儿后将碎了的碗片都清扫干净。

小彤坐到沙发上，害怕妈妈回来骂她，一整天都没出去。

　　妈妈下班回来后，发现小彤今天有点儿反常，没有以前那么活泼、高兴了，就问："小彤，怎么了？发生什么事了吗？"

　　小彤看着妈妈低声地说："妈妈，对不起，我今天早上洗碗的时候不小心把碗打碎了。"

　　妈妈看着孩子心疼地说："碗打碎了没事，还可以再买，关键是你有没有受伤啊？"

　　小彤赶忙说："我没受伤，妈妈。你不怪我？"

　　妈妈温柔地对小彤说："小彤这么懂事，帮妈妈做家务，洗碗筷，我高兴还来不及呢，怎么会怪你呢？这说明你正在成长，只有你先去做了，才可能学会洗碗，尝试的过程中可能会不小心把碗打碎。

你今天虽然打碎了碗，但我相信你不是故意的，我也相信你明天、后天洗碗的时候，一定会加倍小心的，是不是？"

小彤点点头，脸上又露出了笑容。吃完晚饭，小彤主动地收拾碗筷，这次她小心了很多，洗的时候也专心了很多，不一会儿，厨房就被她收拾得干干净净的了。妈妈看着自己的女儿这么懂事，欣慰地笑了。

只有永远躺着的人才不会摔倒，只有永远不下水的船才不会翻船。我们只要做事就有可能会犯错误。如果因为怕犯错误而放弃了行动，那这个人永远不会成长。当孩子做事出现错误时，父母千万不要采取零容忍的教育态度。如果父母过于严厉，孩子面对错误时就会十分地消极，面对挫折也会表现得十分脆弱，孩子面对错误的恐惧感会进一步被放大，今后很难经受起巨大的压力。作为父母我们要鼓励孩子，不要让孩子觉得犯错很可怕，要让孩子明白失败也是成功的一部分，失败是走向成功的一门必修课。

接受平凡才能更优秀

"像我这样优秀的人，本该灿烂过一生，怎么二十多年到头来，还在人海里浮沉……"，这是毛不易《像我这样的人》这首歌的一句歌词。这首歌之所以受人欢迎，是因为这首歌的歌词写出了许多人内心的真实想法。

每个人都生而平凡，有些人之所以伟大，是因为他们在平凡的生活中做出了不平凡的事。我们想要让自己的孩子成为一个优秀的人，首先就是要接受他的平凡，只有这样，孩子才能有更宽松的成长环境，才可以成为更好的自己。

亮亮今年上初一了，学的课程一下子增多了，老师留的作业也比小学时多了不少，亮亮一下子感觉头大。他这次的期中考试成绩，在班里属于中等。

妈妈看到亮亮的成绩一下子急了，就问："亮亮，你现在到底是怎么回事？怎么成绩考得那么低？你读了初中是不是不努力了？你想一想，你小学那会儿多努力呀，每次考试成绩都在班里前三名。那会儿那么优秀，怎么上了初中就掉队了？"

妈妈不停地唠叨着，小学时亮亮的成绩一直名列前茅，是妥妥的"别人家的孩子"，而现在妈妈失去了曾经的骄傲，变得忧心忡忡。

亮亮不耐烦地说："我上了初中不是不努力，而是一下子学那么多，我有点应付不过来。"然后亮亮就把门给关上了。妈妈还想说什么，但亮亮不再给妈妈说话的机会。

每一个孩子在父母眼中都是独一无二的，在我们的精心呵护下，他们慢慢长大。当孩子学会一点儿本领时，我们会备感欣喜，觉得自己家孩子天赋异禀，今后是个人才，要好好地培养他。但是当孩子的成绩下滑的时候，很多父母就开始着急了，觉得自己家的孩子那么聪明不应该考那么差，于是批评、责备向孩子扑面而去，对孩子重重施压，让他们不堪重负，对学习产生恐惧，产生厌烦，最终对学习失去兴趣。如果我们能够接受孩子的平凡，多给孩子一些鼓励，给孩子营造一个轻松的学习环境，相信孩子自然就会放下压力，掌握正确的学习方法，学会学习，进而爱上学习。

小磊是个爱读书的孩子，一有时间他就会看书。按理说喜欢看书对于孩子来说是一个非常好的习惯，但是小磊的妈妈觉得儿子就爱看书，一点儿也不活泼，平时也不怎么爱说话，也不和小朋友们一起出去玩。

每次看到邻居家的孩子既活泼又爱动，妈妈就会数落小磊："你就知道看书、看书，你别那么内向好不好？一天也说不了几句话。你看人家楼下的玲玲既活泼又开朗，多招人喜欢呢！你能不能出去和小朋友们玩儿？"

妈妈的责备和比较让小磊心中好难受，他不知道自己哪儿做错了，自己只是爱看书而已啊，别的同学的爸爸妈妈不都希望自己的孩子多看些书，少出去玩吗？小磊不知道自己该怎么做，他想看书，但是他怕妈妈说他。

作为家长，我们总是喜欢拿自己家孩子和别人家的孩子进行比较，而且是用自己家孩子的缺点和别人家孩子的优点进行对比，这对于孩子来说明显是不公平的。我们要时刻提醒自己不要总拿自己家孩子和别人家的孩子作比较，不要虚荣心作祟，看着自己的孩子在某方面不如人家就备感焦虑。

我们不要总盯着别人家孩子的优点不放，别人的孩子再优秀，始终都是别人家的孩子，或许自己家孩子身上的优点也是别人所羡慕的呢！请各位爸爸妈妈能以平凡的眼光来看待自己的孩子，接受自己孩子的平凡，不要急功近利，让孩子踏实认真地做好自己当下的事情就行，给孩子点儿时间和空间，相信他会变得越来越优秀。

通过生活中的小挫折磨砺孩子

孟子说过："天将降大任于斯人也，必先苦其心志，劳其筋骨，饿其体肤，空乏其身，行拂乱其所为，所以动心忍性，曾益其所不能。"这句话的意思是，上天将要下达重大使命给这样的人，一定要先使他的内心痛苦，使他的筋骨劳累，使他的身体经受饥饿之苦，使他受到贫穷之苦，使他做事不顺，（通过这些）来使他的心惊动，使他的性格坚强起来，增加他所不具有的能力。这也告诉我们，一个人只有经历了挫折和磨砺，才能取得最终的成功。

许多卓有建树的伟人、名人无一不是从艰难坎坷的少年时代经过自己百倍的努力而取得事业成功的。所以在教育孩子的时候，我们要善于利用生活中的小挫折砥砺孩子的意志，以使其坚强不屈，磨炼其精神，使其不畏艰难，增强其在各种挫折面前的承受能力。用事实告诉他：挫折是成功路上的常客，只有勇敢面对挫折，克服困难，才能取得最终的成功。

马上又到周末了，小睿和他的几个好朋友约好周六一早去体育场踢足球。

周六早上，几个小朋友都早早来到体育场，可唯独小睿没有到。

大家在那里等了好久也没见小睿的影子，于是就不再等他，开心地玩了起来。

星期一上学的路上，小睿看到他的那几个好朋友，便跑过去连连向他们道歉："对不起，对不起，周六那天我睡过头了，我醒来到9点半了。本来我定着闹钟呢，当闹钟响了我一看时间还早就把它关了，想再小睡一会儿，结果一睁眼就9点半了。"小睿跑到他们跟前就忙着解释起来。

可是他的朋友没人理他，小睿内心感到很难过。

挫折会经常出现在我们的生活中，更是孩子成长路上的家常便饭。小睿所遇到的挫折，虽然很微小，但是如果不能及时解决，对他未来的交友及人际交往，都会产生一定的负面影响。因为孩子还小，有时候也很难采取正确的方式方法来面对和克服成长之路上的各种挫折，所以，这就要求我们做家长的多关注、关心孩子，及时发现困扰孩子的挫折，并引导他及时加以解决，让他重新树立起信心。

另外，我们还要善于利用这些生活中的小挫折，化被动为主动，让孩子感受这些挫折所带给他的痛苦体验，帮助他从挫折中学到一些知识，让他认识到自身的不足。吃一堑，长一智，当再次遇到类似问题时，孩子就知道怎么解决了。

"妈妈，今天的天气太热了，我想买雪糕吃。"放学回家的乐乐冲进厨房对正在做饭的妈妈说。妈妈正好想起家里没盐了，便点点头，从兜里掏出10元钱给了乐乐，并对他说："你买一根雪糕，然后帮妈妈买一袋盐，不然今天中午就吃不到可口的饭菜了。"乐乐接过钱，答应妈妈保证完成任务，随后就跑出了家门。

乐乐没走多远，就看到他的几个好朋友在那里玩，于是乐乐加入了玩耍的队伍，而把妈妈交代给他的事情忘得一干二净。他和小朋友们玩了一会儿，感觉肚子饿了，就回家去了。

乐乐回到家，高兴地对妈妈说："我在外面正好遇到了几个好朋友，我们玩得可开心呢。"

看着满头大汗的乐乐，妈妈有些无奈，她想说乐乐几句，但又想责备孩子有什么用呢？他不但不会认识到自己的错误，反而会心中委屈，本来的好心情也被破坏了。事到如今，倒不如好好利用这件事让这个小家伙吃点儿苦头，让他认识自己的错误。

想到这里，妈妈从厨房里出来，对乐乐说道："你怎么去了那么久？你买的盐呢？"

这时候乐乐才想起妈妈让他买盐的事情来，他有些不好意思地对妈妈说："对不起，妈妈，我把这事忘了。"

妈妈无奈地说："那我们的这顿饭就只能吃不放盐的菜了。"

妈妈把菜端上饭桌，乐乐一看是自己最爱吃的西红柿炒鸡蛋，急忙夹了一筷子就往自己嘴里塞，但马上又把嘴里的菜吐了出来，然后一脸痛苦的表情，说："妈妈，太难吃了，一点味道都没有。"

妈妈笑着说："凑合着吃吧，没有盐的菜就是这个味道，谁让你忘了买盐呢？"

听了妈妈的话，乐乐有些羞愧，他不好意思地说："我知道错了，妈妈，我不应该光顾着玩，把你交代的事忘了。我现在就去买，你等等我啊，先不要吃啊。"说完，乐乐像只小兔子一样飞快地跑出了家门。

看着乐乐的表现，妈妈欣慰地笑了。

乐乐因为贪玩而忘记了妈妈让他买盐的事情，导致他和妈妈一起吃不放盐的菜。妈妈让乐乐亲自品尝没有放盐的菜是什么味道，让他意识到自己的错误。孩子还小，经常会因为贪玩和思考不够周全而出现一些不负责任的行为。其实这是教育孩子的一个好机会，当孩子感受到因为自己没有去做某件事带来的不愉快的体验后，父母要抓住这个时机告诉孩子·要做一个有责任感的人，答应的事情一定要做到，这对于孩子今后的成长具有非常重要的意义。

都说父母是孩子的第一任老师。在生活中，家长如果能够好好利用孩子遇到小挫折的机会，因势利导，巧妙地去教育孩子，让他从中吸取教训，改掉坏习惯，那么孩子自然会变得越来越优秀。

第三章

学海无涯，学习的路上挫折无法避免

　　每个人的生活都不会一帆风顺，即使再强大的人也会跌倒。学习也一样，在通往成功的路上，孩子会遇到各种各样的问题，也会经历各种各样的挫折，比如考试成绩不理想、做题遇到"拦路虎"等。当遇到挫折的时候，孩子可能会变得心情烦躁，甚至自暴自弃。这个时候，作为父母，我们要正确引导孩子，教会孩子从容面对学习过程中的各种困难与挫折，总结经验教训，找到学习方法，以便让孩子的学习之路越走越顺畅。

不要因为一次考试而垂头丧气

"书山有路勤为径，学海无涯苦作舟。"这句话告诉我们，学习是没有捷径的，它是一件非常辛苦的事情。所以，孩子在学习知识的过程中，遇到各种各样的问题也是在所难免的。如果问题不能及时有效地得到解决，孩子后面的学习效果也会受到相应的影响。

小海今年 10 岁了，刚刚升入四年级，学习任务也重了很多。小海的爸爸妈妈和老师对他的学习非常重视，小海也非常努力，上课认真听讲，下课努力完成老师留下的作业，从不浪费任何时间。

没多久，小海的积极上进被老师发现了。老师非常喜欢这个积极向上的学生，经常当着同学们的面夸奖小海。在老师组织的几次小测验中，小海的成绩总是名列前茅。小海非常高兴，便将这个好消息告诉了妈妈。妈妈听了非常高兴，也非常欣慰。

几次的好成绩让小海有些飘飘然了，他感觉到自己就是个学习的天才，同时也越来越骄傲。但是在接下来的期中考试中，小海由于没有发挥好，成绩非常不理想。

望着刺眼的分数，小海心里难过极了。而妈妈看着他那有些"低调"的成绩，也非常生气，便狠狠地训斥了小海一顿："那么简单的题也不会，竟然做错了好几道，真是丢人啊，这几天不许看电视！"

小海本来就很沮丧，听了妈妈的训斥，变得更加伤心了。他突然改变了对自己的看法，觉得自己根本就不聪明，反而是很愚笨，竟然连非常简单的题也做不对。从那之后，小海对自己失去了信心，对学习更是没了兴趣，上课也不再好好听讲了，考试成绩更是一落千丈。

在小海取得优异成绩时，他的妈妈非常欣慰。而当小海的成绩没考好时，妈妈立即和之前判若两人，没有去鼓励与安慰他，也没有帮助他分析没考好的原因，更没有和孩子一起寻找其中存在的问题，反而是一味严厉地斥责孩子。这不但起不到帮助的作用，反而会极大地打击孩子学习的自信心。

在这次考试之后，小海对学习失去了兴趣。造成如此后果，他的妈妈负有不可推卸的责任。在小海处于学习低谷的时候，她不但没有为小海提供丝毫的帮助，反而让小海的内心受到了言语伤害，让本来就低落的心情更是雪上加霜。

实际上，期中考试的成绩不理想，对于小海来说，只是成长路上的一个小小的挫折而已。作为家长，他的妈妈此时最应该做的是鼓励与安慰孩子，引导孩子认真反思，并找到失分的原因，加以改正，让孩子重新树立对学习的信心。

小佳是五年级的学生，她的同桌是班里的学习委员，成绩非常好。小佳与他一比，成绩就显得很一般了，这让小佳有一些自卑。

　　时间过得很快，转眼间又是期中考试的时间，当试卷发下来时，小佳先看了一下试卷，觉得不难，自己只要认真做，一定会考出好成绩的。她也下定决心，这次考试成绩一定要超过同桌。

　　但是当考试成绩出来时，小佳发现自己的成绩还是没同桌的成绩好。老师还在课堂上又一次表扬了小佳的同桌。小佳听了觉得自己很笨，心情有些沮丧。

　　小佳回到家后，妈妈发现她闷闷不乐，便问她是什么原因这样不开心。当问清楚原因后，妈妈温和地对小佳说："傻孩子，不要因为一次考试成绩不如意就垂头丧气，就因为考试成绩不如同桌，你就觉得自己笨了？爱因斯坦你知道吗？他可是全世界都公认的大科学家。但你一定不知道，他小时候上学考试还有考一分的时候呢！所以你不要轻易否定自己，不要觉得自己笨。考试不理想时，你可以想一想人家为什么能考好，学习他的一些方法，努力提高自己。"

听了妈妈的鼓励，小佳一扫刚才的沮丧，信心一下就来了，而且她也知道自己该怎么做了。

在小佳学习遇到挫折的时候，妈妈通过讲名人故事，让孩子有了信心和动力。可以说，小佳妈妈的做法是值得称赞的，也是值得为人父母者学习的。

考试只是检查学习效果的一种手段，老师经常用这种方法来检查学生对知识的掌握程度，以便调整教学方法。但是，由于孩子的心智还不成熟，他们常常会把考试当成自己聪明与否、未来成才与否的标尺，一次考试不理想，就会垂头丧气、情绪低落，甚至会对自己的未来产生怀疑。这个时候，他最需要的是家长的帮助，帮助他来正确认识自己。一次的考试并不能衡量孩子全部的实力，父母应该帮孩子重新分析自己，找出自己考试失利的原因，明确自己的优势与不足，然后重新树立学习目标，制订学习计划。

课上听不懂别灰心，多问多学就好了

很多孩子在学习的过程中，经常会遇到上课听不懂的情况。当这种情况出现的时候，他们就会陷入茫然状态，不知道该何去何从，从而也会影响学习效果。

今天的第三节课是体育课，而小龙在第二节的数学课上就已经有些心不在焉了。靠窗坐着的小龙不时地望向远处的操场，恨不得马上就能到操场上尽情驰骋。老师讲的课他没听几句，当他回过神来听讲时，却听不懂了。就这样，小龙迷迷糊糊地上完了这节课。下课的铃声一响，他立刻飞快地跑向操场，快快乐乐地等着上体育课。

下午放学回家做作业时，小龙有好几道题都不会，他问妈妈怎么做。妈妈一看这么简单的题他都不会做，火气一下就上来了，带着责备的口气说："小龙，你到底在学校上课了吗？听没听老师讲课？"

小龙听着妈妈的一连串问题，回答道："我听了，但老师讲的我听不懂。"

妈妈更生气了，指着小龙说："你怎么这么笨，连这么简单的题都不会。听不懂，说明你没认真听。听不懂，你去问老师呀！"

小龙听着妈妈的责骂，生气地跑到了自己的卧室。

一般来说，老师在课堂上讲授的都是新知识。对于陌生的知识，要让孩子全部听懂是非常困难的。有调查显示，学生能够听懂所讲知识的90%就已经很难得了，大部分学生能听懂50%。如果孩子在上课的时候出现走神或心不在焉的情况，那么能够听懂的知识可能会更少。

所以，课上有听不懂的知识是非常普遍而又非常正常的现象。但是，有的孩子不知道这一点，认为自己听不懂老师所讲的问题，原因就是自己太笨了，并由此导致厌学情绪。

这个时候，作为父母，我们不要跟着孩子一块儿着急，甚至劈头盖脸地去责备孩子，而是要告诉孩子出现这种情况的时候应该怎么做。比如，我们可以告诉孩子，上课一定要认真听讲，不能思想开小差。

我们也要告诉孩子，课上听不懂没有关系，不要灰心，可以在下课的时候多找老师问问，把课堂上没听懂的知识点再补上。

晓晴今年上五年级了，成绩一度较好的她，这几天上课听数学老师讲题，却有点儿听不懂了。数学题虽然有一定的难度，但是以前晓晴遇到难题只要听老师讲一遍就会了，但是这几天听老师讲了一遍自己还是有些似懂非懂。

晓晴将这个难题告诉了妈妈，她向妈妈寻求帮助。

"妈妈，老师这几天讲的题我有点听不懂，我怀疑自己根本就不是学习的料。"晓晴和妈妈聊着自己的烦恼。

妈妈听了温和地说："在学习中可能会有很多难题，不懂就要问。孩子，上课听不懂别灰心，多问多学就好了。听不懂你可以寻求帮助，可以问问同学，交流一下；也可以去找老师，说出自己不懂的地方，让老师再讲一讲。对于你们学生，有听不懂的地方很正常，你不用怀疑自己的能力。妈妈相信你一定可以战胜这个小小的困难。"

晓晴听了妈妈的话后心中豁然开朗了起来。在以后的学习中，晓晴只要遇到不懂的地方，都会第一时间向老师寻求帮助。在老师的讲解下，晓晴慢慢理解了这些知识点，跟上了老师讲课的进度，顺利从学习的挫折中恢复过来，成绩又慢慢提升了上来。

孩子听不懂课堂知识，是一个普遍现象，但家长所采用的教育、引导方式不同，对孩子所造成的影响也会有所不同。小龙的妈妈和晓晴的妈妈就是两个很好的正反例子。当孩子听不懂课堂知识的时候，我们家长应该告诉孩子，多学多问才能有效地解决学习中遇到的问题、克服学习中的挫折。

多学多问，可以在第一时间解答孩子心中的疑问，提升他的学习效率；多学多问，还可以帮助孩子养成主动学习的习惯，让他主动去探求知识要比向他灌输知识有效得多。除了学习知识外，多向老师请教自己不懂的问题，还可以锻炼孩子的沟通能力，拉近与任课老师之间的距离，能更好地促进他的学习。

总之，作为父母，我们要多鼓励孩子跟老师沟通，有不懂的问题及时问老师，把不懂的问题吃透弄明白了，孩子学习的积极性自然而然就提上来了。

学习差不要气馁，下苦功夫补短板

在人生的道路上，挫折是不可避免的，但我们不能一遇到挫折就气馁。挫折本身并不可怕，可怕的是经受挫折之后一蹶不振。

对于孩子的学习也是这样的道理。不同的孩子，个性不一样，兴趣爱好也不尽相同，学习的认真程度也是千差万别，这就导致了在学习成绩上参差不齐的现象。有的学习差的孩子，看到自己的成绩不如别人，就会自暴自弃，对学习失去兴趣。这其实就是孩子抗挫折能力弱的表现。

如果现阶段孩子的学习成绩差，家长必须要引起足够的重视。有的家长虽然非常重视，但由于采用的方法不正确反而会削弱孩子学习的兴趣。

浩然是个三年级的小学生，他的学习成绩不太好，上课经常心不在焉，老师教的知识他似懂非懂。

这一次考试，浩然又考砸了，他回到家里，正好遇到爸爸。爸爸对浩然的学习很重视，知道最近有考试，所以开口便问浩然的考试成绩。

浩然没有办法，只好把试卷给了爸爸。爸爸接过试卷，看到那刺眼的分数后，火气立刻就上来了，声色俱厉地对浩然说："这次考试的题目多么简单啊，你竟然考了这么点儿分数，不觉得丢人吗？老师刚刚讲完就考试，老师讲的知识点你是没听懂还是没认真听？"

浩然回答道："我没听懂。"

爸爸火气未消，依然大声地说："都是一个老师教的，为什么别的同学能听懂，别的同学能考出好成绩，唯独你听不懂，考得那么差？是不是你的智力有问题？"

浩然心里委屈极了，哭着跑进了卧室，再也不理爸爸了。而从那以后，他对学习再也不上心了，上课根本就不听老师讲课了，考试成绩更是一次不如一次。

一般来说，大多数孩子的智商都是相差无几的。孩子的学习成绩差，智力并非主要因素。造成孩子学习差的原因很多，需要引起家长重视并能够加以分析，找出学习的短板所在，然后鼓励孩子，痛下苦功，努力弥补。功夫不负有心人，经过孩子的一番努力，把学习成绩提上去自然是水到渠成的事。

丽丽今年刚刚升入五年级，学习任务越来越重，而她的学习成绩一直不是很好。

一天，丽丽回家写作业，她慢悠悠地一点也不着急，妈妈看到了，心里很着急。

妈妈关心地对丽丽说："丽丽，今天的作业多不多呀？"

丽丽说："挺多的。"

"你今天是不是累了？怎么和往常不一样啊？妈妈有什么可以帮助你的吗？"妈妈亲切地说。

丽丽回答说："妈妈，我的学习成绩不好，我怎么那么笨呀？今天上课又没听懂老师讲的内容。老师留的作业我有好几道题不会做。"

妈妈温和地说："傻孩子，上课有听不懂的地方可以问老师呀，老师会耐心地讲给你听的。下课了也可以和同学们交流一下。再说了，学习中有不会的很正常啊，只要你认真去学，不懂就问，别气馁，一定会有惊喜等着你的。你只管把每一道题都弄明白，不用管最后能考多少分，把心态放平，成绩自然会越来越好的。"

丽丽听了妈妈鼓舞的话，觉得自己不应该放弃，于是她静下心来又认真地复习了一下老师讲的内容，终于把所学的知识点弄明白了，作业中那些不会的题也基本迎刃而解了。最后剩下一道题，她思考了半天也没做出来，于是便向同学寻求帮助。

接下来丽丽开始认真听课，认真完成作业，有不会的她鼓起勇气向老师和同学请教，慢慢地成绩得到了很大的提高。

孩子的学习差，有些父母会正确引导孩子，让孩子正视困难，下功夫补足自己的短板。而有的父母不分青红皂白，只会一味地打骂孩子，觉得自己家的孩子全是缺点，最后孩子在父母的谩骂声中变得越来越不自信，越来越提不起学习的兴致。

当父母发现孩子学习差时，可以静下心来和他进行沟通，弄清楚他在学习过程中究竟出现了什么问题，然后有针对性地引导他，帮助他渡过学习难关，使他的学习回归正轨。

知识浩如烟海，你不可能什么都会

我国古代的大哲学家庄子说："吾生也有涯，而知也无涯"，意思是说，每个人的生命是有限的，而知识是无穷的。一个人不可能把所有的知识都学完，你不可能什么都会。我们作为父母，也要告诉孩子，知识是无限的，我们只要努力去学习就好了，我们不可能把所有知识都学到脑子里。当碰到不会的知识时，不要气馁，不要难过，这些都是正常的，要用平常心去看待。这个时候，孩子需要做的就是努力去学新知识，让那些没学过的知识内化为自己所掌握的知识。

二年级的浩宇和班里的几个同学在一起聊天，其中一个叫王明的同学说："在远古时代，地球上出现了很多种恐龙，你们知道有什么样的恐龙吗？"

一个同学说："我知道，有暴龙、三角龙……"

"还有翼龙。"另一个同学说。

王明说："你们说的都对，不过还有很多恐龙呢，比如剑齿龙、禽龙、伤齿龙、索他龙。"

其中有一个同学说："我最喜欢三角龙，三角龙的身长大约是

8 米，体重大约有 5~10 吨，它可是有角的恐龙里块头最大的。它的眼睛上方长着一对长 1 米左右的大角，而鼻头上长着小小的角，这就是它名字的由来。"

王明补充道："而且三角龙的那一对大角是专门对付肉食性恐龙的武器。"

而一边的浩宇却一个也说不出来，他有点羞愧，脸一下子就涨红了。

等他们放学回家，浩宇一脸的不开心。妈妈看见了，关心地问道："浩宇怎么了？发生了什么事？"

浩宇将他在学校时同学们课下讨论的恐龙话题讲给妈妈听，他说："他们都知道恐龙，对恐龙的相关知识了解那么多，而我却一点儿也不知道。我怎么那么笨呀。"

妈妈看着浩宇，温和地对他说："世界上的知识浩如烟海，你不可能什么都会。如果你想了解这方面的知识，咱们可以买一些有关恐龙的书，看完以后你也是恐龙这方面的专家了。"

浩宇听了妈妈的话这才兴奋起来，嚷嚷道："妈妈快给我买关于恐龙的书，我也要成为研究恐龙的小专家。"

妈妈看着浩宇开心的样子，心里很欣慰。

知识的海洋是无边无际的，有很多未知的知识等待我们去进一步探索和学习。我们要鼓励孩子不断地学习未知的知识，像案例中的浩宇那样，同学之间的讨论激发了他的求知欲，他的妈妈因势利导，鼓励孩子去探索相关的知识，这样孩子可以学习到很多新知识。

与此同时，通过学习，孩子也能不断地增强自信，明白只有不断地学习才能让自己变得越来越优秀。

　　小琪今年读二年级，她喜欢动脑筋，思维非常活跃，想象力也特别丰富。

　　小琪的妈妈十分注重她的动手实践能力，妈妈和小琪在家里经常做一些小手工或者小实验。

　　快到元旦了，学校向同学们征集手工作品。

　　"妈妈，学校为了庆元旦，让我们自己做一件手工作品，然后带到学校展示给大家看。我做个什么呢？"

"你想做什么？妈妈陪你一起做。"

"妈妈，我做一个不倒翁怎么样？"

"好啊！"

于是，她们找来了所需要的工具：彩笔、卡纸、胶水、鸡蛋壳、剪刀和一小碗豆子。

小琪说："妈妈，做不倒翁一定很有趣吧？"

妈妈回答道："是啊，特别好玩。现在我们就一起行动吧。"

说着，两人就行动了起来，用鸡蛋壳做不倒翁的身体，小琪负责给不倒翁画帽子和脸，不一会儿就画好了。一个可爱的不倒翁有了基本的模样。

"咦，妈妈，我的不倒翁为什么总是站不起来呢？妈妈这可怎么办呀？我怎么就做不好不倒翁呢？"小琪愁眉苦脸地说。

妈妈给小琪讲道："不倒翁站不起来是因为你往里面放的豆子太少，不倒翁的重心太高，所以你还需要多放一些才行。"

小琪惊奇地说："原来是这样啊，妈妈你真厉害，什么都知道。"

妈妈地对小琪说："你刚才不知道，现在是不是知道了？世界上的知识浩如烟海，那么多的知识你不可能全会。有不会的知识不可怕，我们只要通过学习就会很快掌握。你说是不是呢？"

小琪用力地点点头。

在浩瀚无边的知识中，人类总是在不断地追求着、探索着新的知识，但人的精力毕竟是有限的，不可能什么都懂。大人如此，小孩儿亦如此。当孩子遇到不会的、不懂的问题时，父母不要不分青红皂白地骂孩子，孩子需要父母耐心的开导与讲解。孩子掌握了未知的知识，他的挫败感就会减少，抗挫折的能力也会相应的提高。

老师批评是激励，正确看待很重要

孩子在学校的生活中，因为各种原因而受到老师批评的事情经常发生。为了孩子更好地学习和成长，我们一定要告诉孩子：老师的批评也是一种激励手段，可以纠正你的一些错误行为，是为了你好，一定要正确看待。

老师在日常教学中对每个孩子都是用心的，在这过程中会有表扬，也会有批评。在与孩子的相处过程中，老师能够及时地发现孩子的不足之处。为了让孩子能够及时地做出改正，老师会对孩子进行引导，甚至是批评。

王涛今年上初二了，平时的学习成绩不错，老师和父母也很重视他的学习。

一天，上数学课时，王涛发现老师讲的知识点他都会，便悄悄翻开了一本从同学那里借来的小说，津津有味地看了起来。很快，数学老师就发现了他的异常，便一边讲课一边慢慢地走到了他的身边。而此时的王涛，还沉迷在小说情节中，丝毫没有觉察到老师已经站到了他的面前。

老师恨铁不成钢地看着王涛，当场没收了他的小说，还当着全班同学的面狠狠地批评了他一顿。王涛觉得自己在全班同学面前丢了面子，觉得数学老师不喜欢他，专门针对他，他越想越难受。第二天，王涛骗妈妈说自己有些难受，把自己锁在房中不去上学了。

看着儿子反常的举动，妈妈有些奇怪。她跟老师请假的过程中，老师就把昨天课堂上发生的事简单地说了一下。妈妈这才明白王涛为什么没有去上学了。妈妈想：既然孩子的心态出现了问题，那就先跟孩子好好沟通一下吧，硬逼着他去学校也无济于事。

妈妈先让王涛自己在屋子里冷静冷静，并没有去打扰他，然后去菜市场买了一些他平时爱吃的菜。中午的时候，妈妈做了一大桌子美味佳肴，然后叫王涛出来吃饭。看着一桌自己爱吃的饭菜，王涛的心情一下放松了许多。饭后，妈妈跟王涛聊起了学校里发生的事情。

"儿子，你认为当老师发现自己的学生在上课时不听讲、而看其他的书籍，老师该不该管？"妈妈问。

"当然应该管，但也用不着那么严厉吧，而且是当着全班同学的面批评我，老师肯定是不喜欢我，专门嘲笑我的。"王涛生气地说。

"老师正因为重视你才管你呢，他希望你不断努力。假如老师看到你上课出现不良现象不闻不问，放任自流，这样的老师称职吗？这种不负责的表现，害了你自己也会害了其他同学。所以，老师及时地提醒、批评你是理所应当的，你要正确地看待老师的批评，这也是老师的职责所在，更是让你变得更优秀的重要原因。"

听了妈妈的话，王涛觉得确实是自己不对，老师平时也没少表扬自己，老师当着全班同学的面批评自己，确实是因为自己让老师失望了。想到这些，王涛也就释然了，明白了老师批评自己的良苦用心。

于是王涛背起书包，飞奔出家门去学校了。他跟妈妈说今天的课不能落下，得利用下午的时间补回来。

看着儿子的背影，妈妈知道儿子懂得了如何正确地看待老师的批评，欣慰地笑了。

有些孩子在课堂上违反纪律，影响学习，免不了会受到老师的提醒与批评。受到批评的孩子往往心怀芥蒂，认为老师当着全班同学的面批评自己，是故意拆自己的台，让自己丢脸，从而对老师满肚子怨气，更有甚者还当场顶撞老师，态度恶劣。

面对老师的批评，不同的孩子反应也是不一样的，有的孩子能坦然接受，积极改正自己的错误，有的孩子会产生逆反心理，以不学习作为要挟，甚至会当场顶撞老师。不能正确对待老师批评的孩子，表面上看是在维护自己的自尊心，其实是在伤害自己。不学习并不能威胁到老师，反而会让自己的学习成绩一再下滑。这种伤害是不可逆的。正如一棵弯曲的小树苗，如果不及时地进行扶正，等它长大再想让它直，就根本不可能了，到那时就后悔莫及了。

当孩子遇到被老师批评的情况时，我们做父母的要及时地开导孩子，让孩子明白老师批评自己也是在督促自己改正学习上的一些错误，我们要学习王涛妈妈的做法，在孩子冷静下来之后去耐心地开导孩子，而不是一味地负面责备，这样孩子才能正确地面对老师的批评。

新学期，新气象。刚开学，小彤的班主任换成了一名特别严厉的老师。小彤由于上课做小动作被班主任老师批评了两次，于是她每天放学回家后都闷闷不乐。

小彤的反常被细心的妈妈发现了。妈妈通过观察后又进行了分析，认为小彤对班主任非常抵触，非常厌恶。妈妈心里有点别扭，就想去学校找老师理论理论。

邻居阿姨劝小彤的妈妈说："在学校孩子挨批，家长别着急，先得弄清是非。不要只听孩子的一面之词，袒护自己家的孩子。老师是不会无缘无故地批评学生的，肯定是孩子哪里做得不好，或者做错了什么事。"

小彤的妈妈听从了邻居的劝说，准备先搞清楚情况再说。

孩子小，难以接受老师的批评，我们可以理解。但作为成年人的家长，也不能明白老师的良苦用心，这就有些让人费解了。所以，当孩子挨批评、不喜欢老师时，我们家长必须先分析具体原因是什么，找到问题的症结，再思考解决措施。

我们要告诉孩子：作为学生，受到老师的批评后，首先要去试着反思一下自己做得不对的地方；其次试着接受老师的批评。因为老师批评你的出发点也是为了你好。如果通过老师的提醒，你能及时地改正自己的错误，今后在学习上，你就会取得更大的进步。

成绩低迷是暂时的，努力学习就好了

作为父母，对孩子的学习成绩都非常关心，但是要明白，考试只是对有限知识点的考察。成绩不理想，并不代表孩子没有付出努力，也不代表孩子笨。成绩如果不理想，只能说明有一些知识点孩子还没有学扎实，还不会灵活运用。

　　这个时候，父母一定要鼓励孩子：成绩低迷只是暂时的，努力去学就可以了。同时，父母也要给孩子信心，让孩子能够正确地看待自己成绩的波动，以一个平稳的心态投入到学习中去。

　　杨军今年上六年级了，性格活泼，爱好广泛，平日里喜欢看书、喜欢运动，同时他的学习成绩也很优秀。很多家长都很羡慕杨军的爸爸妈妈，觉得能够拥有这么一个优秀的孩子，他们真的很幸福，不像其他家长每天都在三番五次地催孩子学习。

实际上，杨军的爸爸妈妈对孩子的学习成绩是比较包容的，他们没有提出硬性要求，而是关注杨军知识体系的搭建。如果孩子的知识结构没有出现问题，他们一般不会对孩子的学习进行干涉。当杨军成绩考得不理想的时候，他们也不会责备孩子，而是会陪着杨军分析答题出现失误的原因，查漏补缺，争取不再出现同样的错误。

在这样的家庭环境下，杨军也懂得学习是自己的事情，他会根据自己的实际情况安排自己的学习。当老师讲新知识的时候，他认真学习，把知识学扎实。当他觉得自己对知识学得已经很扎实的时候，他会去做一些自己喜欢的事情，比如参加学校组织的各种课外活动等。

在孩子的学习上，杨军的父母没有刻意地要求杨军必须考多少分，即使杨军的成绩不太理想，他们也没有责备杨军，可以说是非常理性的，这一点是值得我们学习的。但很多父母做不到这一点，他们将自己的注意力紧紧盯在孩子的考试分数上，容不得孩子有丝毫退步。但是，孩子长期处在学习的高压下，是很难取得理想的学习成绩的。

那么，在孩子成绩低迷时家长应该注意什么呢？

第一，孩子成绩低迷时，家长不要太唠叨。

对于家长的唠叨，孩子是十分反感的。父母之所以唠叨，是因为孩子在某些方面的表现不合自己的要求。然而，家长的过分唠叨，会让孩子产生厌恶，甚至产生逆反心理，专门和父母对着干。

第二，孩子成绩低迷时，家长不要过分训斥。

有太多的家长想通过训斥来达到教育孩子的目的。但是，这样做的后果却只能是适得其反。渐渐地，孩子就失去了自信，并开始怀疑父母对自己的爱。所以，当孩子成绩低迷时，家长不要急着批评，而是应该静下心来和孩子面对面谈一谈，弄清楚前因后果后，再去耐心地引导孩子。

第三，孩子成绩低迷时，家长期望不要过高。

望子成龙、望女成凤是每一个家长的心愿。但是，每个孩子身上都有不完美的一面。当孩子的学习成绩不理想时，父母不要用过高的标准去要求孩子，尽量给孩子营造一个宽松、自由的学习氛围。孩子只有放下肩上的巨大压力，他的学习成绩才会慢慢提升。

第四章

接受历练，吃了挫折的苦才能体味成功的甜

孩子的成长需要历练。从小在安乐窝长大、没经历过挫折的孩子将来走上社会，面对复杂的人与事会很难适应。同时，没有经历过挫折的孩子抗压能力相对较弱，稍有不如意的事情就可能一蹶不振、畏缩不前，这是每一个家长都不愿意看到的。所以，作为家长，我们要给孩子接受历练的机会，让他感受一下挫折的苦，这样他才能更好地体味成功的甜。

家境的贫寒不应成为沮丧的理由

每个人的家庭条件都是不一样的。有的人含着金钥匙出生，整日珍馐美味；有的人家境贫寒，艰难度日。很多人将生活条件的优劣当作能否取得成功的必要条件，但无数事实告诉我们，物质条件并不能完全决定一个人的成功，相反，家境贫寒更能激发人的上进心。所以，家境的贫寒不应成为孩子沮丧的理由。我们教育孩子时，应该淡化孩子对物质条件的过于关注，这样他的心态才会变得平衡，将更多的心思用在学习上。

开学第一天，婷婷的妈妈高兴地去接孩子放学，可婷婷却嘟个小嘴、慢吞吞地从学校走了出来。

"怎么了？跟新同学相处不愉快吗？"妈妈关切地问道。

"也不是，大家都很热情，我们互相聊天呢。"婷婷回答说。

"那你怎么看上去一副不开心的样子啊？"

"妈妈，我的同学家里都很有钱，有一个同学家里开着公司，有一个同学家里有果园，还有一个同学家里经营着饭店；可是，看看咱们家，什么都没有，想到这些我就高兴不起来。"

"宝贝，你现在是去上学，又不是去攀比谁更有钱。妈妈问你，你和同学们是不是上一样的课？"

　　"嗯。"

　　"是不是同一个老师？"

　　"嗯。"

　　"那你们学习的起点就是一样的，大家都是平等的，都有机会实现自己的梦想，所以你不应该难过。"

　　听了妈妈的话，婷婷的心里稍微好受了一些。回到家之后，妈妈给婷婷讲了很多名人的故事，他们大多家境贫寒，却取得了显赫的成就。

妈妈又告诉婷婷："人的出身是不能自己选的，但是未来的路是由自己决定的。你想因为贫寒而沮丧消沉，还是想奋发图强？"

"奋发图强。"

"这就对了嘛，家境贫寒只能算是生活对你学习意志的考验，只要你战胜它，你就距离成功不远了。我和你爸爸也会努力赚钱，给你做坚强的后盾。"

"嗯。"婷婷使劲儿地点点头。

孩子对于生活还不会有深刻的认识，很多时候都是心里本能的反应，看到自己的生活条件不如别人就会耿耿于怀，于是开始意志消沉，在学习上消极磨蹭。这时，我们要及时地纠正孩子的攀比心理，让他们敢于正视自己的家境，要让孩子认识到，家境的贫富与学习的优劣是没有关系的。

过去，涛涛的爸爸自己开着一家小工厂，虽说工厂并不是很大，但也能让涛涛过上衣食无忧的生活。然而，随着市场竞争的日益激烈，涛涛爸爸工厂的生意越来越难做，最后实在支撑不下去，倒闭了。涛涛一家的生活也陷入到困境之中。

面对这突如其来的变化，涛涛很难适应，他整天心情沮丧，连学习的心思也没有了。爸爸妈妈原本也很难受，不过他们却并没有表现出特别灰心失望的样子。看到涛涛无心学习，心情低落，爸爸妈妈觉得应该好好开导一下孩子。

一天，涛涛写作业又陷入了沉思，爸爸走到跟前，问道："想什么呢？"

　　"爸爸，过去咱们家有钱，可是现在日子一下子变得很苦，我非常难过。"

　　"咱们现在的日子的确有些捉襟见肘，可并不代表咱们一直会这样，所以你完全没有理由沮丧啊。难道经过了这样的挫折之后，我们就该一味地沉浸在痛苦中不能自拔吗？"

　　涛涛摇了摇头。

　　"所以啊，家境清贫不应该是沮丧的理由，而是更加努力的动力。爸爸为自己的人生奋斗，你为自己的将来努力，好不好？"

　　"好，爸爸，我以后不会再因为生活艰苦而难过了。"

　　孩子如何看待贫困的家境？会产生怎样的心理反应？在很大程度上会受到父母的影响。如果家长能够正确地引导孩子，他就会在贫困的成长环境中衍生出更多的勇气，尽力摆脱各种负面情绪的干扰。所以，当孩子因此而沮丧时，我们作为父母应该多鼓励他，让他打开自己的格局，把目光放在更加长远的未来。只要心存理想，孩子内心的沮丧自然就会烟消云散。

笑对挫折才能进步得更快

挫折是每个人一生都不可避免的事情，即使小孩子，也会有自己的挫折。遭遇挫折时，不同的人有不同的态度，有的人一蹶不振，有的人微笑面对。很多事实证明，微笑面对的人更容易走向成功。这是因为他们能够冷静地对待挫折，从挫折中获得更多成功的经验，同时挫折也能激发他们想要获得成功的信心，从而奋起直上，取得更快的进步。

春天来了，妈妈在自家的院子里忙碌起来。她要修整土地，准备种菜了。这时，乐乐也来了兴致，跑到妈妈跟前说："妈妈，今年我也想学学种菜，你能划给我一小块儿地吗？"

"你确定自己能种出菜吗？"

"当然！"

"那好吧，我可以答应给你一块地，不过我有言在先，如果你的菜长不出来，你可不许哭。"

乐乐很高兴地答应了。她利用课余时间修整自己的这块儿地，然后很高兴地把种子种了下去。过了几天，妈妈种的菜长出了嫩嫩的绿芽，可自己的菜却迟迟没有动静。很明显，第一次种菜失败了。乐乐本想哭鼻子，可想到妈妈的话，一下子就收敛了自己的情绪，笑着说："妈妈，你帮我看看我的种子有什么问题吗？"

妈妈陪着她来到那一小块地上，挖了好几下才挖到菜籽。妈妈说："哎呀，你种得太深了，菜芽根本长不出来。"

于是乐乐开始第二次种菜。这一次，她把菜籽种在浅一点的土层里。很快，嫩绿色的菜芽就出土了。乐乐很高兴，每天去给菜芽浇水。一天早晨，乐乐发现小小的菜芽全部伏倒在地。她大吃一惊，赶紧上前查看，发现菜芽的根部都黏糊糊的，全部都断掉了。

挫败感再次袭上心头。乐乐默默地站在菜地边上，一边伤心一边思考："问题究竟出在哪里呢？"她看看自己的地，再看看妈妈的地，发现自己的地明显比妈妈的地湿太多，她这才意识到是自己浇水太多，根部腐烂了。

有了这两次失败的经历之后，乐乐更加坚定了要种菜成功的信念，总结了经验之后，乐乐再次把菜籽种了下去。看着小菜芽长出来并一天天茁壮成长，乐乐的心里别提有多开心了。

对于孩子来说，可能一丁点儿事情就会给他带来不小的挫败感。但挫折也是人生的一部分，接受它就是接受成长。在孩子受到挫折失败后，父母要用积极、乐观、正面的温情去支持鼓励孩子。我们要告诉孩子生活不会都是一帆风顺，也有不如意的时候，挫折是每个人生活里正常的一部分，要用一颗平常心去对待。培养孩子要有雨过天晴、冬去春来的豪情，微笑面对困难和挫折。

从一年级入学开始，琳琳的学习成绩就一直很好，每次考试都是班里的第一名，这让她非常自豪。慢慢地，琳琳心中就滋生出一些骄傲的情绪。

四年级上学期，被夸赞了一个假期的期末成绩还萦绕在琳琳的心头，让她有些喜不自胜。所以学习上，琳琳并没有太用功，她觉得课本这点儿知识对于自己来说简直就是小菜一碟。

很快到了期中考试，这次琳琳一下子考成了全班第三名，有两位同学弯道超车，跑到了她的前面。这个结果给了琳琳很大的打击，简直让她无法接受。这种挫败感压得她喘不过气来。从那以后，她

每天都不开心，回到家也是一副苦大仇深的样子，有时还会唉声叹气。更严重的是，琳琳觉得自己以后很难考第一了，于是上课总是分神，胡思乱想，学习成绩逐渐下滑。

为了改变她的这一状况，爸爸主动找琳琳谈心。

"爸爸，我这次考试又没考好，感觉自己太失败了。"琳琳说。

"宝贝，生活里哪有什么常胜将军，有一点小小的挫折是在所难免的，你不能因为这一次考试没考好就放弃努力了呀，是吧？"

琳琳点点头。爸爸接着说："当你遇到挫折的时候，你必须要勇敢地面对它，然后总结经验教训，继续努力，这样你才能离成功越来越近。"

"爸爸，我知道了，以后我会好好努力的，不再骄傲了。"

当孩子在挫折面前变得不自信时，我们父母要鼓励孩子，让他们明白，挫折人人都会遇到，并不是自己的能力问题。孩子能够微笑面对挫折时，他们就能看清自己的问题，从挫折中振作精神，今后更加努力。

为了鼓励孩子能够笑对挫折，我们作为家长，更要有笑对挫折的勇气。面对困难，我们不抱怨、不退缩，做孩子的榜样，用实际行动告诉孩子如何面对挫折，如何才能不断地超越自我，取得更大的成功。

知晓自己为何失败，下次一定做更好

人们常说，失败是成功之母。这是因为经历过失败之后，人们会从中总结经验教训，避免相同错误的发生，一步步走向成功。很多时候，当我们的孩子面临挫折、失败的时候，也处于一种沮丧茫然的状态，单纯地认为是自己运气不好或者是其他客观原因导致了失败，这种想法让孩子失去了总结教训、增强自身能力的机会。所以，为了避免上面情况的发生，当孩子遭遇挫折时，我们不仅要鼓励他振作精神，还要教会他从中寻找失败的原因，明白自己为何而失败，继而总结经验教训，争取下次做到更好。

东东上小学了。在幼儿园时，他每天都是快乐地玩耍，所以刚升入小学，便觉得学习很吃力。每天晚上写作业，东东都觉得特别难，心情非常沮丧。有时候，他还会莫名其妙地发脾气。

一天晚上，东东写作业又遇到了难题，半天磨蹭着不动，妈妈看见说："你怎么不动啊？"

"我不会。"

"不会就不写了吗？"

"我就不写。你别管我了行吗？"

"不会写作业就认真思考，乱发脾气能行吗？"

"我就想发脾气。"

之后，妈妈狠狠地批评了东东一顿，无奈之下，东东再次开始写自己的作业。他一边写，一边难过，心里无助极了。

慢慢地，东东越来越灰心，一写作业就垂头丧气，每天都磨蹭到半夜，而妈妈则在一边不停催促，时不时还要骂上几句，但仍然无济于事。妈妈感到非常无奈，逢人就说："我家孩子写作业太磨蹭了，真是不知道怎么办才好？"

有人说："我们整个人就像冰山一样，冰山浮在上面的部分是行为与情绪，冰山在水以下的是我们的心理需求。"当孩子遭遇挫折发脾气时，表面上他们是在发泄自己的情绪，实际上却是在吸引我们的关注，寻求帮助。就像案例中的东东，面对全新的学习生活他无助而烦恼，这时父母就应该伸出援助之手，帮助孩子去正确应对挫折。

小丽在学校开始上英语课了。每天放学前老师都会布置背英语课文的作业，这可愁坏了小丽。她之前并没有接触过英语，所以背起来相当吃力。

一天放学后，小丽跟着音频背了半个小时，可还是没有背会。她有些灰心了，大声地抱怨："妈妈，英语实在是太难学了，我一点儿都不想学了。"

妈妈并没有在意小丽遭受到的挫败感，只是随口说："没关系的，一晚上时间很长，肯定能背会。"

　　妈妈的话一下刺激到了小丽，小丽带着哭腔说："一晚上？我不背了，我永远都背不会。"

　　"不背怎么办呀？"

　　"大不了我不学英语，不去学校了。"

　　看到小丽的心情如此沮丧，妈妈这才认真起来，安慰说："妈妈知道刚学英语一定会觉得很难，不过我相信咱们一定能够克服掉困难，把英语成绩提上来。"

得到了妈妈的安慰以后，小丽渐渐地平静了下来。妈妈又跟她一起分析背不会的原因。妈妈觉得，小丽之所以始终背不会，是因为对课文不熟悉，背之前必须把课文读得十分顺畅才行。

找到了原因之后，小丽便不着急背诵了，而是反复地朗读课文。等读得十分顺畅之后，她合上书，很自然地将课文背了出来。

小丽高兴极了，她觉得是挫折让她进步了。

通常情况下，孩子遭遇挫折时，心情都会很沮丧，他可能对自己失去信心，也可能烦躁不安、乱发脾气。挫折并不可怕，可怕的是没有跌倒了再爬起来的勇气。情绪沮丧也并不可怕，可怕的是一直沉浸在坏情绪里走不出来。作为父母，要懂得体谅孩子的心情，不仅不能训斥、责备，还要用恰当的方式去鼓励，让孩子冷静地面对挫折，进而战胜挫折。

挫折是财富，能精准提升自己的短板

生活中，几乎所有的人都希望自己的人生一帆风顺，但是几乎没有人能够真正一生顺遂，不经历挫折。事实上，人的一生之所以精彩，就是因为有成功、有挫折，跌宕起伏。倘若人的一生平淡如水，或许也就会黯然失色。

一般来说，挫折会让人更坚强、更勇敢、更成熟，所以它是我们的财富。只有遭遇挫折之后，我们才能认清自己到底在什么地方有所欠缺，从而不断地提升自己。而教育孩子，也是同样的道理。当孩子遭遇挫折的时候，也正是孩子获得成长的关键时期，在这个时候我们教会孩子如何面对挫折，他的抗挫折能力才能相应提高，从而才会变得越来越优秀。

刚上小学时，小明和小新都是不太会交朋友的孩子，可现在他们之间却有了非常大的差别。小明有了很多朋友，是一个很受大家喜欢的孩子；而小新仍然孤身一人，没有人愿意跟他交朋友。这是为什么呢？原因就在于面对交友挫折时，他们不同的态度。

开学第一天，小明主动去交朋友，可是同学们却好像有点不喜欢他，不愿意跟他玩，这让他非常懊恼。回家之后，他郁闷地告诉了爸爸这件事情。爸爸说："大家为什么不跟你玩呢？你是怎么说的呢？"

"我没说什么，就是拉他们的手玩，他们就直接甩开了。"

"不说话怎么能行呢？你直接拉人家手是很不礼貌的行为。你应该先打招呼，然后再表示自己的交友意向，当别人了解你的想法以后，就不会排斥你了。"

第二天，小明按照爸爸的说法去交朋友，果然有人同样礼貌地回应了他，这让他很高兴。慢慢地，他尝试用各种方法去交朋友，大家都很喜欢他。

小新上学第一天也遭遇了交友的挫折。放学之后，他心情低落地告诉妈妈："妈妈，我今天没有交到朋友。"

"为什么呢？"

"我拉住一个小朋友的手，想跟他玩，可是他却用力甩开了我的手。"

"是吗？那这个小朋友可有点儿不知道好歹了。"

"可是我接下来该怎么办呢？"

"他不跟你玩，咱还不跟他玩呢。千万别难过啊，班里还有那么多同学呢！"

第二天放学回来，小新又是一脸不开心："妈妈，他们今天还不跟我玩。"

"为什么呢？"

"我跟一个同学说：'你过来，咱俩玩吧。'那个同学就好像没听见一样。气死我了！"

"他不愿意跟你玩，你就再找别人玩好了。"

后来，小新总是认为同学有这样那样的问题，而他自己从来看不到自己的问题，所以他总是交不到朋友，自己感到格外孤独。

通常情况下，孩子如何看待挫折，在很大程度上受父母的影响。父母是孩子的第一任老师，如果父母面对困难或挫折时都不够勇敢，更不能坦然面对，那么当孩子遭遇困难挫折时，同样也会懊恼沮丧。

在如何对待挫折方面，父母要做好孩子的榜样。

　　岚岚的爸爸经营着一家公司，生意非常红火，总有许多人前来寻求合作。但是这样一个实力雄厚、福利很好的公司，却总也留不住员工，人员流动非常大，几乎每天都有人入职、离职。

　　一次，公司有一单大生意，需要很多人手，可正巧这段时间很多员工离职。眼看合同要到期了，可产品的生产量却远远达不到预定的要求，即使剩下的员工再努力，也无法如期完成。这单生意，使得岚岚的爸爸赔了一大笔违约金。这是他做生意以来遭受的最大挫折。

岚岚和妈妈本以为爸爸会因此而心情沮丧，可爸爸却跟没事儿人似的，这让岚岚很费解。晚上，她走到爸爸跟前，问道："爸爸，我听妈妈说，你的公司没有按时交货，赔钱了？"

　　"是的。不按合同办事，就得赔钱。"

　　"那你是不是很难过呢？"

　　"赔钱了肯定不痛快，不过爸爸并没有沮丧，反而认为挫折是一种财富。如果不是这次的事情，爸爸就一直注意不到公司的员工制度存在问题，自己在人事管理方面存在短板，说不定以后还会出更大的问题。现在我已经完善了公司制度，类似的问题以后就不会再有了。"

　　看着爸爸如此乐观积极，岚岚不由得朝爸爸竖起了大拇指。爸爸又对岚岚说："挫折并不可怕，它是一个纸老虎，你勇敢地面对它，它就害怕了。"

　　岚岚说："爸爸，我知道了，以后我也不会被挫折打倒的。"

　　孩子处于成长阶段，正是习惯和认知高速成形的时期。我们要想让自己的孩子变得越来越优秀，就要教会他把每一次挫折看成是一笔财富，通过挫折让他找到自己的欠缺和不足，然后有针对性地提升自己的能力，让自己变得越来越优秀。父母要用正确的应对方式对孩子进行挫折教育，促使孩子不错过每一次成长的机会。

经历挫折才能明白成功的不易

"不经历风雨怎么能见彩虹，没有人能随随便便成功。"这句歌词唱出了奔走在成功路上的人们的艰辛和不易。古今中外，无论哪一个成功人士都曾经历过挫折和失败，他们百折不挠，最后走向成功。

小霞是一个超级自信的孩子。还没上学的时候，她总是对自己充满信心，只要听到有人说谁考了一百分，学习真好，她就会说："考个一百分有什么难的，我将来上学也要考一百分。"

小霞上小学了，她学习很认真，学习成绩也很好，但遗憾的是，每次考试她总会出现各种各样的小错误，以至于总也考不了一百分。在一次又一次的考试之后，她才恍然明白，原来考一百分并没有想象的那么简单，自己以前的想法实在太天真了。

经历了挫折之后，小霞整个人低调了很多，但是她并没有灰心、气馁，反而在心中默默地告诉自己：一定要考个一百分，尝尝成功的滋味。

下定决心之后，小霞学习又认真了不少，课前预习，课后复习，不敢浪费一丁点儿时间。平时做练习题，她总是细心地检查了一遍又一遍，逐渐养成了检查的好习惯。就这样，期末考试时，小霞终于考了一百分。

当她把一百分的卷子拿到手之后，不禁泪水充盈了眼眶，她切切实实地感受到了经历挫折之后成功的喜悦，也只有她知道，考这个一百分自己承受了多大的心理压力，付出了多少的努力。

生活中，很多孩子天真地以为，成功是一蹴而就的事情，所以他们一遇到挫折，就想要放弃，认为自己努力的方向不对。这时，我们要多鼓励孩子，告诉他成功本来就很难，挫折和成功是并存的，从而纠正孩子的认知，让他们敢于直面学习与生活中的挫折。

然而，生活中有些父母心疼孩子，只要孩子遭遇挫折，他们就会帮孩子转移注意力，甚至直接让孩子放弃，这对孩子的成长是极为不利的。长此以往，孩子会养成见困难就退缩的懦弱性格，以至于一事无成。

在爸爸妈妈眼中，丁丁是一个犟脾气的孩子。他只要认准一件事情，就会坚持到底，即使撞了南墙也不回头。他虽然不停地遭遇挫折，但是他却总是充满战胜挫折的勇气和获得成功的信心。

丁丁的爸爸妈妈非常疼爱孩子，总是想方设法让丁丁从挫折的"痛苦"中解脱出来。每当丁丁写作业遇到不会的题，在那里苦苦思考的时候，爸爸妈妈就劝说道："如果这道题你不会做，那你可

以暂时放一放，先做其他的，等回头有时间了再细细地思考。"

　　最初，丁丁还不为所动，仍然坚持着独立思考。但久而久之，爸爸妈妈的话起到了作用，一向今日事今日毕的丁丁开始把今天的事留到明天，遇到挫折就会暂时放弃。慢慢地，丁丁在爸爸妈妈的"呵护"下，不再倔强地去战胜挫折，而是一有困难就逃避，成了一个什么事情都办不好的孩子。

　　客观地讲，丁丁的父母的初衷并不是让孩子畏惧困难、害怕挫折，但是因为没有把握好尺度，没有给孩子讲明白其中的道理，最终不但没有帮助孩子养成正确应对挫折的好习惯，反而将之前好的品质也丢失了，可以说，这样的教育方式是比较失败的。

所以，作为父母，我们一定要弄明白应如何教育孩子正确面对挫折，要让孩子知道，成功不是唾手可得的东西，想要得到它，就要有面对挫折的勇气和信心，只有经历了挫折的磨砺，才能最终收获成功的果实。

吃过挫折的苦，心中才会更踏实

孩子是父母手心里的宝，平时生活安逸，衣食无忧，很容易养成贪图享受、害怕吃苦的心理。尤其是那些被父母照顾得无微不至、事事包办的孩子，对父母有很强的依赖心理。通常来说，孩子的依赖性越高，心理承受能力就会越低，越经不起挫折。这样的孩子走上社会之后，他们的心中或多或少会有一些惴惴不安。因为他们害怕遭遇挫折，不敢按照自己的想法勇敢地向前走。相反，那些经历过挫折的孩子，他们更有勇气面对挫折，解决问题，心中会更加踏实。

萌萌的妈妈非常溺爱孩子，也非常强势。萌萌从小什么事情都不用自己操心，每天早上吃什么、穿什么都是妈妈安排好的，就连自己交朋友妈妈也要干涉。妈妈总说"那个小朋友喜欢打人，不能跟她玩""那个小朋友的妈妈很厉害,你还是离她远一点好"。另外,她总会安排萌萌跟自己看好的孩子去玩,"萌萌,今天我带你去跟同事的孩子玩,她很早就念叨你呢""我觉得小区的那个女孩温柔,懂礼貌,你可以跟她去玩"……

慢慢地,萌萌没有了自己的主见,也没有了自己的想法,妈妈安排好的朋友都很好,所以在交友方面,萌萌从来就没有尝到过苦头。

后来,萌萌上中学了,学校离家远,妈妈的照顾也无法再面面俱到。面对独自交友的问题,她的内心非常胆怯,她不知道别人会不会跟自己成为朋友,可是她太需要朋友了。一次,她鼓起勇气跟宿舍里的一个同学说:"你今天要去哪儿玩呀?带上我吧。"

"不好意思,我跟小学同学约好出去玩的,估计没办法带你。"

这句拒绝的话在萌萌心中就是一个巨大的挫折,就如一声惊雷在她的头顶炸开,"天呀,我第一次主动交友,居然失败了,我该怎么做呢?"她的心里很不安,心想自己再也不会去主动交朋友了。

孩子必须要经过不断的历练才能形成坚强勇敢、不畏困难的性格。这些性格对其未来的发展有着很大的作用。毕竟以后孩子会脱离父母,独立走向社会,到那时没有人会像父母一样去呵护他,温柔地对待他。这就需要孩子去一一面对和适应。如果孩子从小没有培养起来勇于面对挫折的良好性格,遭遇挫折时很可能就会一蹶不振。相反,如果孩子经历过挫折的磨炼,他就会坦然很多,心中也会踏实很多。

一次月考，语文作文要求写一篇关于写景的作文，亮亮平时很少看这一类型的书，所以一时间大脑一片空白，努力思考了半天才写出两行字来。眼看交卷的时间要到了，他急得就像热锅上的蚂蚁，心想："这下可完了。"

　　下课铃响了，老师毫不留情地收走了试卷，只留下亮亮呆呆地坐在那里，满脑子都是那两行文字。很快，语文考试成绩公布了，亮亮的作文基本上没有得分，语文考试成绩也出奇得差。从上学以来，亮亮还没有考过这样的成绩。这对于他来说，简直就是一个巨大的挫折，像一块巨石一样向他压过来。

每每想到这次语文考试成绩，亮亮总有些不敢面对。可爸爸妈妈总是鼓励他："你要牢牢地记住这次的教训，分析成绩差的原因，哪里不足补哪里，然后不断地去激励自己。这样你就会越来越进步。"

听了爸爸妈妈的话，亮亮开始好好地读书，不断增加自己的课外阅读量，从而积累了很多知识。从那以后，他再也不担心写作文没有素材了。

像案例中的亮亮，考场上作文的失利对他而言是一个不小的挫折，如果他不敢直面自己存在的问题，那么他以后肯定还会遭遇同样的挫折。而在父母的引导下，他懂得了通过增加阅读量的方式来提升自己的写作水平，那么在以后的考试中亮亮就不会再害怕写作文了。

养育孩子，我们要做温柔的父母；教育孩子，我们要做严格的老师。必要时，一定要让孩子独自去面对挫折，让他们尝一尝挫折的苦，这样他们才会更加努力把自己变得更好，踏踏实实地向前发展，遇到问题时，兵来将挡水来土掩，将困难挫折一个个解决掉。

第五章

理性面对，挫折让孩子更快地成长

"塞翁失马，焉知非福。"任何问题都要一分为二地去看。挫折也是这样，它给孩子带来痛苦、烦恼、失落的同时，也能给孩子带来经验教训。只有引导孩子认真分析造成挫折的原因，总结经验和教训，孩子才能不断地提高自己的能力，增强自己战胜困难的勇气和信心，在经历过挫折之后，孩子也能更快地成长。所以在平时，作为家长，我们要教育孩子理性看待挫折，在应对挫折的过程中让孩子获得相应的成长。

挫折是孩子成长的催化剂

"宝剑锋从磨砺出，梅花香自苦寒来。"只有经历了挫折和磨炼，人才能取得一番成就，才能体会到成功的喜悦。在成长之路上，孩子经历一定的挫折，对于他而言，也并非坏处。当然，挫折所带来的痛苦也会给孩子带来一定的影响，在这个时候，家长一定要用积极的态度去鼓励孩子，让他勇敢地去面对，从中吸取经验和教训，继而提升自己的能力，让自己变得愈发强大。

凡凡是一个能说会道的小女孩。自上小学以来，语文成绩一向不错，可数学成绩却难尽人意。她不喜欢一串串的数字，更不喜欢应用题，甚至一看见应用题就感到烦躁。

二年级上学期的期中考试，凡凡有两道数学应用题都做错了。这让凡凡的内心有了巨大的挫败感。看到和同学们相差悬殊的数学成绩，她对自己能学好数学这门课程更没有信心了。

妈妈对凡凡的表现感到非常吃惊，她一直觉得，二年级的应用题太简单了，女儿完全可以自己学好。所以，她一直也没有太在意。

有一天，凡凡在写作业，只见她自言自语地说："唉，又是应用题。"过了一会儿，她就开始抓耳挠腮，乱发脾气。

妈妈看见了，走到凡凡跟前，问道："怎么了，凡凡？"

"妈妈，我一点都不想学数学了，应用题我完全不会做。"

"怎么就不会呢？你好好读题了吗？"

"读了，就是不会，一看见应用题我就头疼，我不做了。"

"不做怎么能行呢？这才一点点挫折你就想要放弃了，那以后的知识越来越难，你怎么办呢？"

凡凡无言以对，又默默地看向了题。妈妈又说："学习上遇到挫折，你就要想方设法去战胜它。你不会做应用题，是你真的看不懂？还是因为心理作用，你一见到应用题就犯怵，根本不想去看？现在妈妈陪着你，你好好读两遍题，再试试。"

103

凡凡按照妈妈的话读了一遍，立马说道："妈妈，还是不会！"

"妈妈说的是两遍，你再读！"凡凡又读了一遍，好像有一点思路了，接着她又认认真真地读了一遍，最后总算把题做出来了。

凡凡心中突然有一种成就感，感到很开心。没想到自己居然也可以做对这几道应用题，看来自己以前把问题想得太严重了，还没有思考就先放弃了。

看着凡凡高兴的样子，妈妈说："挫折是你学习道路上的大老虎，你怕它，你就前进不了。如果你把它打倒，你就可以快速前进了。"

当孩子在学习、生活中遭遇挫折时，我们要告诉孩子，人生路很漫长，现在才刚刚起步，所以我们要在挫折中总结经验教训，通过克服挫折不断地磨炼自己，使自己未来的路能够越来越平稳，在不断的跌倒和不断的前进中，才能品味更具价值的人生。

最近一段时间，小区里的很多孩子都在跳绳。这让小宇非常郁闷，因为他的身体协调性不好，他不会也不喜欢跳绳。因此，小宇也很难融入其他小朋友中，显得有点儿格格不入。

有好几次，小宇走上前想跟大家玩。有小朋友就问他："你会跳绳吗？"

"我不会。"

"哦，那我们组不能要你，会给我们拉分的。"

就这样，小宇接二连三地被拒绝，心情沮丧极了。但是，为了能和小朋友玩到一起，小宇决定练习跳绳。他跳了一遍又一遍，不是跳不过去就是绳子绊到了腿，怎么也学不会。他苦恼极了，灰心、生气，就想要放弃了。

一天，小宇再次垂头丧气地回到家。爸爸心疼地问道："你怎么了？看上去一副不开心的样子。"

"因为我不会跳绳，大家都不愿意跟我玩。我想学跳绳，但怎么也学不会。"

"可能是你天生不是跳绳的料吧。学不会就不用再学了，不会跳绳也不是什么问题，何必这么为难自己呢？"爸爸说道。

听了爸爸的话，小宇心情更加沮丧了。从第二天起，他再也不碰跳绳了。

生活中，我们经常为孩子的挫折感到担心和焦虑，害怕孩子下次会再失败，会忍不住为孩子开脱，"学不会就不用学了""不会的题就空着吧，把会做的做了就行了"……听到这些话，孩子会产生更重的心理负担，情绪会更加低落，自然会对身心健康产生较大的负面影响。

所以，当孩子遭遇挫折时，我们应当告诉孩子失败是有价值的，它能够促进成功。我们要安慰孩子，"没关系，我们可以再试一次""努力就好了，结果没有那么重要"，这样孩子就能坦然地面对挫折，快速成长。

遇到困难不抱怨，解决问题是关键

生活中，我们的身边不乏负能量的人，他们在遇到挫折之后，首先想到的不是如何去解决问题，也不是如何让自己尽快从挫败感中脱离出来，而是不断地抱怨，把自己的负面情绪搞得最大化，让身边的每一个人都知道他遭遇了挫折。

这样的人不仅自己是生活的失败者，同时也会给身边的人带来压抑的情绪。作为父母，我们肯定不愿意自己的孩子成为这样的人。所以当孩子遇到挫折之后，我们不仅要告诉孩子不做毫无意义的抱怨，而且要告诉孩子应该如何正确地面对挫折、解决问题。

暑假里的一天，妈妈拿着一张报名表兴致勃勃地回到家，一进门就走到雷雷跟前，说道："你看这是什么，有兴趣参加吗？"

雷雷一看，原来是一个校外机构举办的亲子野外比赛，获胜者还能得到丰厚的奖品。想到这是一个难得的出去玩的机会，雷雷很兴奋地说："我愿意参加，妈妈，赶紧报名吧。"

"那咱们可要说好啊，不管比赛结果如何，你都要开开心心地，行吗？"

"没问题。"

比赛那天，参赛的人非常多，比赛也非常激烈。刚开始的几个环节都还好，到了"障碍接力赛"环节，雷雷体力不支，落后了其他人一大截。等他把接力棒递到妈妈手里时，别的参赛者已经完成了这个环节。因为这一差距，雷雷和妈妈最终得了最后一名。

雷雷一时接受不了这个结果，伤心地大哭起来，冲着妈妈就嚷嚷起来："都怪你，非要参加什么比赛，现在得了最后一名。"

"要参加比赛是你同意的呀，你现在怎么能怨妈妈呢？"

"比赛环境还这么差，根本就发挥不出正常的水平嘛。"

"宝贝，不要抱怨了好吗？你应该从自己身上找找原因，你想想是不是自己平时缺乏锻炼，才会跟其他人拉开很大的距离？这次失败了不要紧，你总结教训，下次再比赛嘛。"

"我回去一定要好好锻炼，争取下次拿第一名。"

"这就对了嘛。面对挫折，不要抱怨，而要找到问题，解决问题，这样你才能更好地成长。"

雷雷用力地点点头，不再说什么了。

孩子遭遇挫折时，很多时候无法冷静地思考，会有一些抱怨，这都情有可原。我们作为父母，在这个时候必须要引导孩子，告诉他抱怨解决不了任何问题，只有积极主动地去想办法才能战胜挫折，再次赢得成功的机会。

校园运动会还有几天就要举行了，同学们一个个都非常兴奋。晚上回家，小旭把这一消息告诉了妈妈："我们马上就要开校园运动会了，妈妈，你得给我买双新鞋，我准备报 800 米长跑呢。"

"800 米？你平时都不怎么锻炼，那么远能跑下来吗？"

"怎么不能？我可能跑了。"

"好在还有一个星期才比赛，这几天你可以去练习一下。"

"不用，我平时活动就够了。"

之后的几天，不管妈妈怎么说，小旭就是不去练习跑步。结果比赛那天，小旭刚跑了两圈就累得上气不接下气，实在是跑不动了，眼看着其他同学遥遥领先，他也无能为力，最后只能勉强坚持完比赛，没有获得任何奖项。

这个比赛结果给了一向自信的小旭很大的打击，回到家，懊恼的他一顿乱发脾气。妈妈说："没得奖就没得嘛，重在参与，不要不开心了。"

"还不是那双鞋子不合脚，磨得我的脚一点都不舒服，这才跑不快的。再说你看看其他同学，人家都是练体育的，我怎么能跑得过呢？"

"儿子，失败就失败了，你得直面问题，不要一味地抱怨好吗？你只要好好练习，就一定能取得成功。总是找其他原因来掩饰自己的不足，你怎么能超越自己呢？"

在妈妈的教导之后，小旭鼓起了勇气，这一次他决定战胜自己，每天去锻炼，争取明年的运动会上取得好成绩。

在日常生活中，有很多孩子怨天怨地，遇到困难挫折就想放弃。其实，这是孩子抗挫能力差的表现。那么，怎样才能让孩子遇到挫折不抱怨呢？

首先，父母要鼓励孩子。当孩子出现抱怨情绪的时候，父母要试着去鼓励孩子，让他自己动脑思考，学会解决问题的方法，要让孩子知道父母永远是他坚强的后盾。其次，对症下药，帮孩子捋清思路。任何事情都有两面性，父母要引导孩子去正确看待挫折。只有找出问题所在，才能对症下药，及时根治。

孩子在成长的路上会遇到很多问题，不同的教育方式会产生不一样的教育效果，所以我们更应该教会孩子积极乐观地去应对人生难题，而不是陷入抱怨的负面情绪当中，斤斤计较。

面对嘲笑不气馁，重要的是做好自己

孩子成长到一定阶段之后，荣辱意识会变得非常强烈。在强烈自尊心的驱使下，他渴望得到别人的尊重，害怕被别人嘲笑。如果因为某些事情遭到了周围人的嘲笑，他会很受打击，甚至会从此变得胆怯、气馁，再不敢进行新的尝试。所以，我们要教育孩子勇敢地去面对嘲笑，做好自己，用自己的实际行动回击那些嘲笑。

岩岩从出生就跛脚。上学的时候，一些调皮的孩子有时会对着岩岩的脚指指点点，还时不时地笑几声。每当这时，岩岩就会害怕地快速走开。因为害怕嘲笑，岩岩变得胆小怯懦，不敢跟同学们玩。课间的时候，岩岩只是坐在座位上，平时更是几乎不怎么和同学说话。

有一天放学回家，岩岩想起平时受到嘲笑的情景，忍不住地哭了。他对妈妈说："同学们都嘲笑我，我不想再上学了。"

看着委屈的岩岩，妈妈很是心疼。不过，妈妈还是很平静地安慰他说："孩子，你的脚已经是无法改变的事实，可是你的人生却是可以由自己掌控的。现在同学们嘲笑你，将来走上社会，还会有更多嘲笑的声音。你难道一辈子都让自己这么不开心吗？"

"可是，妈妈，我该怎么办呢？"

"在他人的嘲笑面前，你要勇敢坚强。你做好自己，别人自然就不会嘲笑你了。你相信妈妈，也相信自己，你试试。"

岩岩点了点头。第二天，他去了学校，又有两个同学看着他笑。岩岩开始很紧张，可想想妈妈的话，一下子就鼓足了勇气。他的目光变得坚定，走到那两个同学跟前，大方地打了招呼。

两个同学见岩岩今天竟然变得如此勇敢，不禁十分诧异，之前的轻视之心一下子就消失了。从那以后，那两个同学再也没有嘲笑过岩岩。

有了这次回击同学嘲笑的经历之后，岩岩变得越来越阳光、开朗。其他同学也不再嘲笑他了，而对他多了几分喜欢和尊重。

他人的嘲笑，是孩子成长道路上很容易遇到的挫折。比如孩子学习不好、做了什么糗事、胆小自卑等，都容易引来别人的嘲笑。孩子的心理是脆弱的，他人不经意的嘲笑会在他的心中掀起巨大的波澜。所以当孩子遭到他人嘲笑时，父母不能低估嘲笑对孩子的影响，而是要悉心呵护和引导，让孩子努力做好自己，用行动回击那些人的嘲笑。

小英上小学了，她是这个大家庭里最小的孩子，所以亲戚朋友们都很关注她。一天，一家人闲来无事围坐在一起，正好小英从客厅经过。其中一位亲戚就叫住了她："小英子，来，过来，你现在可是小学生了，学得怎么样啊？"

"还行。"

"给我们读读课文吧？"

　　"好呀。"说完，小英就高兴地拿来语文书，开始给大家读起来。可是，小英读着读着，发现大家竟然全都在笑。于是她有些难为情地合上书，问道："你们笑什么呀？"

　　"笑你读课文好玩呀。来，你给我说一个'哥哥'。"

　　"德德。"小英很听话地说道。

　　之后大家又都哈哈大笑起来，"明明是'哥哥'，你非要读成'德德'，以后可得多练习呢。"

　　原来大家都在笑她吐字不清。虽说大家都觉得好玩，并无恶意，但是却实实在在地伤害了小英。她有些难过地跑回了房间，这下大家笑得更大声了。小英的妈妈从厨房探出头来，问发生了什么事情，大家也只顾笑而没人回答。

等亲戚们都走后，小英还闷闷不乐。在妈妈的追问下，她才把自己被嘲笑的事情说出来。

妈妈听完，鼓励她说："面对别人的评价，我们不能灰心丧气，更不能不敢再发声，反而是要多说，多练习口语表达。慢慢地，我们的发音清晰了，就不会被别人嘲笑了。你也要明白大家笑你并没有恶意，只是想帮助你纠正发音而已，你一定要正确面对。"

"妈妈，你说得对，我知道他们是为了我好，我不会跟他们计较的，下次在他们面前我一定要读好，让他们挑不出毛病来。"

"你有战胜挫折的勇气是非常棒的！"

孩子在成长的路上，像文中小英那样，遭遇嘲笑的情况在所难免。如何应对？小英的妈妈给出了"教科书"式的解答。如果我们的孩子也遇到像小英遇到的那种情况，我们也必须像小英的妈妈那样，告诉孩子：面对别人的嘲笑，最好的办法就是做好自己，让自己变得越来越优秀。如果我们自己先自暴自弃了，那不是默认了别人说的是对的吗？所以我们要勇敢地面对别人的嘲笑，积极努力，让自己变得更加强大。

被朋友伤害后，庆幸及时看清他

在人际交往中，最大的不幸莫过于"交友不慎"。成人会遇到这种情况，孩子同样也可能会遇到。相比之下，孩子因"交友不慎"受到的伤害，要远远大于成人。因为孩子是单纯的，他们付出了真心，期望得到对方的真心。当他们被朋友伤害时，往往不会像大人那样能够理解人心的险恶、坦然面对，而是伤心难过，甚至对交友产生不自信。这时，作为家长，我们要帮助孩子理性地分析缘由，将他从伤痛中拉出来。

小宁和念念是在一起玩的伙伴。一天，他俩结伴去找另外一个小伙伴玩耍。正巧这个小伙伴的爸爸妈妈都不在家，于是他们就留在了小伙伴家。他们看电视、打游戏，相处得非常愉快，直到小伙伴的妈妈回来了，小宁和念念才回家去。

第二天，小宁和念念像往常一样在小区里玩。这时，昨天那个小伙伴的妈妈向他们走来。等走到他们跟前时，她轻轻地问道："昨天阿姨的戒指放在床头柜上，可我下班回来就找不到了。阿姨想问问你俩，你们玩的时候看见了吗？"

"没有，阿姨。我们只是在看电视，打游戏。"小宁首先说道。

"我也没有看见。"念念说道，然后转身对小宁说，"如果是你拿了，就还给阿姨吧。"

听了这话，原本并不抱什么希望的阿姨，一下子将注意力集中在了小宁身上，就如同他确实拿了那个戒指一样。

小宁赶紧说道："阿姨，我真的没看见，您再好好找找吧。"

小伙伴的妈妈见两个孩子都不承认，只好离开了。等她走远了，小宁转向念念问道："你怎么能那样说话呢？就好像我真的拿了一样。"

"家里就咱们几个，我没拿，那就一定是你拿了。"

小宁气得大声朝念念喊道："我再也不跟你做朋友了。"

回到家，小宁仍然非常生气。妈妈见状赶紧询问缘由，小宁就把刚才发生的事情跟妈妈说了一遍，最后他说："我原本以为念念是我最好的朋友，没想到他居然那样说，我再也不跟他好了。"

妈妈听完，安慰说："别生气了，不值得交的朋友及早看清楚不是很好吗？以后交朋友要好好选择，要结交一些真心实意的朋友。"

案例中的念念，为了撇清自己的嫌疑，就将自己的朋友置于尴尬的境地，丝毫不顾及小宁的感受和处境，这样的朋友是不值得结交的。作为父母，当孩子遇到这种情况的时候，我们要帮助孩子分析问题，让孩子做出正确的判断。

最近，晓峰认识了一个高年级的孩子。那个孩子穿着奇装异服，满嘴脏话，痞里痞气的，一看就不是什么好孩子。妈妈知道后，就告诉晓峰："这个孩子不爱学习，你还是别跟他在一起玩了，小心受伤害。"

"怎么可能？我跟他在一起玩得可好了。他是一个讲义气的人，你就别管了。"

"妈妈好好跟你说，你不听，到时候受伤害了，不要哭鼻子啊。"

"知道了。"

一个月后的一天，妈妈发现晓峰伤心地回家了，就赶忙上前询问。晓峰带着哭腔说："那个大哥哥又认识了一个朋友，他俩在一起商量着跟爸妈要钱买烟抽，他们也让我回来要钱，跟他们一起抽烟。我不同意，那个大哥哥就骂我，还说不想跟我这样的胆小鬼在一起玩。"

"你看，我之前就说这个孩子不值得交往，你却不听，现在受伤害了吧。你这就是自讨苦吃。"

"我已经够心烦的了，你能不能别说了？"

"妈妈还说不得你了？你看看你现在不听话的样子吧！"

"我就是不听话了，大不了你也不理我呀！"原本遭到朋友的排斥，晓峰心中已经很难过了，现在见妈妈也责备他，他的心理防线一下子就崩溃了。晓峰哭着说："他不跟我做朋友，我还可以找其他的人做朋友。"说完摔门出去了。

案例中晓峰的妈妈让孩子远离品行不好的孩子，这个想法本身是好的，但是她的做法确实不得当。晓峰既然把自己跟别人交往的情况跟妈妈说，就是对妈妈充分信任的。在他最受伤的时候，妈妈不但没有安慰他，反而大加责备，这只能让晓峰更加地沮丧、孤单。

所以，教育和引导孩子理性面对挫折，家长要讲究方式、方法，多一些鼓励和引导，少一些责备和嘲讽。家长一方面要鼓励孩子去主动交朋友，另一方面也要让他明白什么样的朋友是不可交往的。只有这样去引导，孩子才会更快地成长，才会经营好自己正向、积极的朋友圈。

主动跟陌生人交流，大不了被拒绝

我们经常听到有家长抱怨，说自己的孩子胆小，不敢跟陌生人交流，即使对方是朋友的孩子，他们也不敢主动上前沟通。

在当前，孩子不敢跟陌生人交流是一种非常普遍的现象。原因可能与孩子平常接触的人少、交流机会少有关。然而，我们每个人都是社会的一分子，与别人交流是孩子必须要掌握的能力。如果孩子总是不敢去和陌生人交流，这可能会给他自己的发展造成障碍。所以，当我们的孩子不敢跟陌生人交流时，我们要给予他鼓励，让他明白，哪怕被拒绝也不能错失交友的机会。

星期天，妈妈带着浩浩参加同学聚会。其他同学也带着自己家的孩子，所以聚会上的小朋友非常多。大家在宽阔的厅堂里跑着玩耍，只有浩浩怯生生地躲在妈妈的身后。看着孤单落寞的浩浩，妈妈对他说："你也去跟小朋友们玩吧，自己待在这里多无聊。"

"可我不认识他们。"

"你上前跟他们打招呼，跟他们玩，自然就认识了。"

"可是我不敢，万一他们不想跟我玩该怎么办？"

"不就是被拒绝吗，没什么要紧的。去吧。"

听了妈妈的话，浩浩慢吞吞地向前挪步，走到了小朋友们当中。可是他只是站在那里，一句话也不说。其他小朋友光顾着玩，谁也没有注意到他。这时，妈妈又鼓励他说："你要先去跟别人交流，这样大家才能注意到你。"

在妈妈的鼓励下，浩浩终于走到一个小朋友的面前，主动打了招呼，对方也热情地回应了他。很快，浩浩就和小朋友们玩到一起了。

回家路上，妈妈问他："你今天玩得开心吗？"

"开心。"

"主动交朋友的感觉是不是很好啊？"

"是挺好的，我就是害怕被拒绝。"

"被拒绝了又能怎么样呢？如果不主动去交流，那可能就错失了交朋友的机会，这样的损失可是更大呀。"

后来，浩浩慢慢地敢跟陌生人交流了。他觉得妈妈说得对，如果不表达自己交友的渴望，可能就真的交不到朋友。

当然，我们在教导孩子与陌生人交流的同时，还要告诉孩子要有选择性地去交友。有些人并不适合做朋友，与他们主动沟通会给孩子增添无限的挫败感，伤害孩子的心灵，要让孩子远离这样的人。我们要让孩子知道，跟陌生人沟通、交友，必须建立在平等、尊重的基础上，这样可以让他尽可能地避免遭遇挫折。

周末上午，天气晴朗，小蕊缠着妈妈陪她去小区里玩一会儿。妈妈正好有空，也就答应了。

小区的小朋友真多。在一个小沙堆边上有两个小女孩玩得很起劲儿。小蕊一直站在那里盯着看，妈妈问："你也想跟她们去玩吗？"小蕊点点头。

"那你去吧。"

"可是——可是——我也不认识她们啊。"

"没事儿的，你主动去打招呼，看看她们会不会跟你一起玩。"

只见，小蕊朝他们走了过去，没一会儿就苦着脸走了回来，说："她们不跟我玩。"

"为什么？"

"不知道，那个高个子女孩只说不行。"

"那你再过去试试，现在就看你的沟通能力了。"妈妈鼓励说。

过了一会儿，小蕊又伤心地走了回来，说："妈妈，那个高个子女孩说：'你是个小矮子，长得也不好看，我们才不跟你玩呢！'"

"这个孩子真不友好，那咱就不去玩了。"

"妈妈，我再去试试行吗？"

"还是别去了，一个不知道尊重别人的孩子，是不值得交往的，我们交朋友要交善良、热心的朋友，知道吗？"

"知道了，那还是妈妈陪我玩吧。"

跟陌生人交流被拒绝再正常不过了，因为每一个人都有最基本的自我保护意识。当孩子被拒绝时，我们要告诉他这是人们交往的一个常态，让孩子坦然地接受事实，并且不断改善自己的交友方式，让更多的人喜欢和自己做朋友。

同时，我们也要告诉孩子交友的边界，什么样的人值得相处，什么样的人要敬而远之，让孩子形成自己的判断，这样孩子就能游刃有余地把握自己交友的尺度，交到志同道合的好朋友了。

与同学有误会，要大方去沟通

人与人相处产生误会在所难免，孩子的世界也是如此。可与大人不同的是，当孩子之间产生误会之后，他们不能理性地进行分析，甚至因为一句"我再也不和你玩了"便认为一段友情就结束了，从而内心产生巨大的挫败感。

很多孩子被误解时，往往会非常生气，甚至恼羞成怒，发誓再也不跟同学来往，或者躲在角落暗自神伤，这些负面情绪对孩子的成长极为不利。长此以往，孩子会因为误会而在交友的问题上小心翼翼，甚至不敢跟同学有过多的接触和交流。

星星和成成是好朋友，也是同班同学，他们每天放学一起回家。

一天，星星有些难过地对成成说："我爸爸妈妈吵架，说他们要离婚，我心里好难受，我好害怕他们真的离婚了。"

"他们应该就是吵架说说吧，应该不会是真的，你别难过了，"成成安慰道。

"你是我的好朋友，所以我跟你说这些，你别告诉别人啊，要不他们会笑话我的。"

　　"好的，我对谁都不说。"

　　但是第二天刚一到学校，星星就被老师叫走了，回来之后星星怒气冲冲地瞪了成成一眼，什么话都没说。这让成成有点摸不着头脑，不知道到底发生了什么事情。放学回家时，星星径直向前走着，成成快速地追上了他，问道："你今天怎么了？"

　　"怎么了？你不知道吗？我们家的事情只有你一个人知道，今天老师就知道了。"

　　"老师怎么知道的，不是我告密的。"

　　"除了你还能有谁，你别再装了，咱俩的朋友关系到头了，我不喜欢你这种出卖朋友的人。"

　　"我真的没有，你怎么就不相信呢？"

　　从那以后，星星再也不理成成了。成成因为这件事情很受打击，他整天躲在房间里暗自神伤。他觉得友情实在是太脆弱了，他对交朋友也失去了信心。

　　慢慢地，妈妈发现成成的性格越来越孤僻，无论妈妈怎样鼓励他都不愿出去跟别人玩。追问之下，成成才跟妈妈说了被误解的事情。妈妈听完，说："遭遇误解，你应该积极地去面对，跟好朋友说明白，自己这样独自伤心根本于事无补……"

　　终于，在妈妈的鼓励下，成成跟星星进行了沟通，而星星也说是自己错怪了成成，老师是通过妈妈知道这件事的。误会解开了，成成又变得开朗、乐观起来。

我们身为父母，虽然不能代替孩子去交友，但是可以正确引导孩子如何去解决与同学之间的问题。当孩子与同学因为误会产生隔阂时，我们要鼓励孩子去沟通。误会有时很好化解，只要肯迈出解释的第一步，误会也就土崩瓦解了。

畅畅和小杨是一对形影不离的好朋友，他们一起上学，一起玩耍，可以说亲密无间。然而最近她们两个人却互相不理睬对方了。

事情是这样的。那天上完数学课，大家都忙着写作业，畅畅数学学得好，很快就完成了作业。而小杨有一道题不会做，为了能够早点儿去玩，她就要来畅畅的作业本打算抄上。

不巧的是，小杨抄作业的事情被身后的同学发现了，这名同学还把这件事情报告给了数学老师。于是，畅畅和小杨都被叫到了办公室，被老师狠狠地批评了一顿。

畅畅觉得自己是被小杨连累的，心中非常委屈，于是伤心地哭起来。她原本以为小杨会安慰自己，但没想到的是，小杨居然抱怨说："如果当时你不让我抄题，咱俩也不会有这事了。"

就这样，两个人你一句我一句地吵起来，互相表示以后再也不是好朋友了。

过了几天，畅畅的妈妈发现小杨不来家里玩了，心中疑惑，便向畅畅询问原因，畅畅于是就把两个人因为抄作业而决裂的事情说了。

妈妈听完，反问畅畅："你一直都在说小杨的不是，可是你自己有没有错呢？"

"我有什么错呢？又不是我主动让她抄的。"

　　"你们是好朋友，小杨有不会做的题时，你作为朋友就应该给她讲题，而不是纵容她去抄作业。如果你真的尽到一个朋友的责任，还能被老师批评吗？"

　　"那她事后也不应该埋怨我呀。"

　　"好朋友怎么可以这样斤斤计较呢，真正的朋友应该互相宽容理解。"

　　在妈妈的开导下，畅畅想通了，于是主动给小杨道了歉。小杨也表达了自己的悔意，最后二人重归于好了。

　　孩子的心智还不成熟，所以在与同学交往的时候，发生的误会也会很多。就像畅畅和小杨一样，因为抄作业而被老师批评这样的事情也会导致两个人之间发生误会，还影响到了两个人的友谊。

　　当孩子与同学发生误会的时候，作为家长，我们要让孩子及时与同学进行沟通，去寻求和解的方法。沟通顺畅的话，不仅能够维持同学之间的情谊，还能够积累解决朋友间误会的经验。这以后，甚至是成年之后，孩子再遇到类似的问题，也能从容应对了。

第六章

克服困难，才能获得成长

　　人生路漫漫，总是会遇到各种各样的困难。在面对这些困难时，你是迎难而上还是退缩不前，直接决定了你人生的高度。人们常说，困难让一个人成长，的确如此。就像是蚕宝宝历经千辛万苦终于化成了美丽的蝴蝶一样，如果它在化蝶的过程中，没有克服困难的勇气，那么便不会有最后一刻的美丽。孩子也是一样的，唯有经历风雨才能真正地长大。

阳光心态让孩子及时止损

　　孩子在成长过程中，总会遇到各种各样的难题。这时，孩子如果有一个积极、阳光的心态，那么任何困难都打不倒他。他总会让自己的情况慢慢变好，就像是坚强的小草，无论什么时候都始终在向上生长；也像是沙漠中的胡杨树，无论多么恶劣的环境都可以根植在那里。

　　小丽是个性格开朗的女孩，她遇事从来不慌，总是能想出各种办法解决遇到的问题。更可贵的是，她思维很灵活，不会一条道走到黑。

　　周末的时候，小丽跟着爸爸妈妈去郊外旅游。他们的计划是到凤凰山爬山，但是走到半路的时候，一条大河挡住了他们的去路。爸爸下车看了一下，河水迅猛，汽车过去有危险。

　　"记得之前没有这条河啊！"爸爸有些奇怪地说。

　　这时过来一位农民伯伯，爸爸过去询问。农民伯伯说这里原来是一条干河道，已经很多年没有流过水了，今年雨水多，从山上流下的水就流到了这里，这条河重新有水了。农民伯伯还说村里计划到枯水期的时候修座桥，但目前汽车是过不去了。

爸爸上车把情况说给小丽和妈妈后，一家人都感到有些沮丧。但是小丽只难过了一小会儿，就调整了自己的心情。她笑着对爸爸妈妈说："反正咱们出来玩就是为了一家人开心嘛，不一定非要去凤凰山，这条路走不通，咱们可以去别的地方嘛。我听同学说凤凰山附近有一家采摘农场，他们说里面可有意思了，不如咱们去那里吧，不用过河就能到。"

听了小丽的建议，爸爸妈妈欣然同意，然后他们一家人开着车去农场采摘，度过了一个快乐的周末。

让孩子保持阳光、积极的心态，遇到挫折的时候他可以及时调整自己的状态和方向，及时止损。人生有时候就是这样，在你面对困境的时候，要用阳光的心态去面对，不要陷入沮丧或固执己见的负面情绪中，要学会灵活处理。作为父母，我们要教会孩子什么时候需要坚持，什么时候需要绕道而行，如果面对挫折固执己见而不知道及时止损，反而一直消耗自己，那是不可取的。

　　小峰和小兵是好朋友，他们住在同一个小区，而且是同班同学。一年级下学期，学校足球队招收新队员。小峰从小就喜欢足球，从幼儿园开始就跟着爸爸看球赛，对于球星的名字更是如数家珍。他很渴望像那些球星一样驰骋赛场，而这次校足球队招新队员可把他高兴坏了，他毫不犹豫地报了名。作为好朋友的小兵，看小峰报名了，自己也跟着报了名。但小兵对足球没有多少兴趣，他报名完全是凑热闹。

　　就这样两人跟着球队训练了一个月。在教练眼中，小峰简直就是个足球小天才，学什么会什么，而且体能也好，跑起来像一头小猎豹。而小兵就不一样了，不经常锻炼的他跑几步就累得不行，最关键的是他不喜欢踢球，他喜欢看书，在家里的大部分时间都是看书，各种漫画绘本，是他的最爱。

　　一天晚上，小兵跟妈妈说他不想参加足球训练了，他想退出，因为他觉得踢球自己一点也不快乐，他跟不上其他伙伴的节奏，同时自己也不喜欢这项运动。其实妈妈是希望小兵能坚持一下，她不想儿子轻易放弃，但是听了小兵的理由后，她觉得应该让儿子做决定，如果孩子不开心，即使坚持也没有意义。同时为了身体健康，妈妈要求小兵即使不参加足球队的训练了也要坚持锻炼。小兵很爽快地答应了妈妈的要求。

在孩子成长的过程中，最关键的是要培养孩子阳光的心态，面对挫折的时候能够乐观面对。正如法国教育学界所认为的那样：一个阳光快乐的孩子是一个能自主的孩子，他有能力面对生活中的各种困难，也能在社会中找到自己的位置。像案例中的小兵，当发现自己不适合踢球的时候，他能够勇敢地面对现实，及时跟妈妈讲出自己的想法。而妈妈也没有强迫孩子，而是尊重孩子的决定。

在这样的氛围下，孩子可以根据自己内心的真实想法决定自己要做什么，这样孩子做的事情都是他内心愿意去做的。这样就能让孩子保持一颗阳光心态，让他们勇敢地舍弃掉不适合自己的东西，进而选择更加适合自己的成长道路。

克服困难才能获得成长

人生路漫漫，总是会遇到各种各样的困难。在面对这些困难时，你是迎难而上还是退缩不前，直接决定了你人生的高度。人们常说，困难让一个人成长，的确如此，就像是毛毛虫历经千辛万苦终于化成了美丽的蝴蝶一样，如果它在化蝶的过程中，没有克服困难的勇气，那么便不会有最后一刻的美丽。孩子也是一样的，唯有经历风雨才能真正地长大。

小刚曾经有一个幸福的家，爸爸事业成功，妈妈也无微不至地照顾着他。但是后来，爸爸生意的失败彻底改变了小刚的生活。

在他上初二这年，爸爸的公司破产了。小刚不懂得爸爸生意上的那些事，但是他知道从此之后爸爸不再是人人羡慕的成功人士，妈妈也不再每天打扮得漂漂亮亮。爸爸和妈妈在市场租了一个摊位，重新开始打拼。

小刚最直接的感受就是爸爸妈妈陪自己的时间少了，同时自己的零花钱也少了很多。以前，小刚是同学中的"财神爷"，不管是出去打台球还是到网吧上网，都是小刚请客。那时候的小刚在学校里可以说是"朋友遍天下"。

但自从小刚的爸爸生意发生变故后，小刚突然发现自己不过是个"纨绔子弟"，学习一塌糊涂，真心朋友没有处下一个。曾经的那些"好兄弟"见小刚再也拿不出钱，也都疏远了他，这让小刚伤心难过的同时，也觉得对不起爸爸妈妈。看着起早贪黑努力工作的爸爸妈妈，小刚忽然间"开窍"了，他觉得自己不能再这样浑浑噩噩下去了，虽然自己现在还是学生，帮不了爸爸妈妈，但可以通过好成绩来回报爸爸妈妈。

在这样的想法下，小刚开始认真学习起来，每天努力地学习。每当他松懈的时候，他就想起爸爸妈妈，认为爸爸妈妈可以克服困难从头再来，自己一样可以。

到后来，在爸爸妈妈的努力下，生意重新兴隆起来，小刚的家境也逐步恢复。同时小刚的学习成绩也发生了巨大的变化，连老师都感到惊讶。只有小刚明白自己经历了什么，他庆幸自己没有被困难压垮，也感谢这些困难给了自己努力的机会。

小刚是努力的，也是幸运的。倘若他在家庭出现变故时，没能振作而是一味地颓废下去，那他可能就会在自暴自弃中度过自己的人生，成为一个彻底的失败者。但是，并不是每一个孩子都能像小刚这样做到迷途知返，很多孩子在困难面前会不知所措，不知道自己该如何应对，这会让他们的成长道路偏离方向。这个时候，孩子需要家长的帮助。父母在这个时候要及时给予孩子一些正确的引导，告诉他应该如何正确面对眼前的困难。

小芳的成绩在班里不算差也不算优秀，每次考试，她总是在前十名上下徘徊。努力一下，她的成绩就能进班级排名的前十名，稍一放松，成绩就会滑落到前二十名上下。老师对小芳成绩的波动很是烦恼，认为小芳脑子聪明，对新知识接受很快，唯一的缺点就是懒惰、拖沓，作业做得总是很潦草。老师批评她一次，她的作业能够工整几天，但过不了多长时间，就又变成原样了。老师曾就这个问题跟小芳的妈妈谈过，但效果不是很理想。

原来，小芳的妈妈觉得孩子刚上小学，不用对孩子要求那么严格。她还认为，孩子那么聪明，只要稍加努力就能赶上来。所以在家里，妈妈并没有配合老师严格管理小芳，而是由着小芳的性子来。

有了妈妈的支持，小芳变得更加松懈了。她觉得写作业太累了，就采用撒谎的手段欺骗老师。结果到期末考试的时候，小芳的成绩一下子下滑到班级四十多名。妈妈这下真着急了，问小芳："闺女，题目这么简单，你怎么都做错了呢？你不是都会吗？"

小芳有些不好意思地说："妈妈，这些题我真的不会，老师在课堂上讲的时候我觉得我会了，但是考试的时候我才发现其实不是我想的那样，如果当时我多做做习题就好了。"

看着女儿的表现，妈妈后悔了，自己真是不该如此地放纵女儿。

人人都会遇到困难，唯有克服困难才会获得成长。但小芳的妈妈没有认识到这一点，在孩子最需要引导的时候，她选择了放任不管。本来小芳如果努力的话，完全可以将成绩提上去，但因为妈妈的不重视，再加上小芳的退缩，她的成绩最终一塌糊涂。

像小芳这样的孩子还有很多，他们在最需要努力的时候选择了安逸，而且，父母没有能给予正确的引导，最终导致他们失去了前进的方向。其实，家长最应该让孩子明白的就是只有努力去克服困难，自己才能获得成长，

阳光心态面对问题更冷静

我们每个人在生活中都会面对各种问题，这是再正常不过的事情。我们只有用阳光的心态才能更好地面对这些问题。在孩子的成长过程中，作为父母，我们一定要告诉孩子：面对问题，不要慌，不要有畏难情绪，首先要有一个阳光的心态，保持冷静，认真分析眼前遇到的问题，找到最合理的解决方法。

小萍今年读初三，马上就要面临中考。但最近小萍有些心烦气躁，无论做什么都会大吵大闹。原来，她的奶奶最近过世了，她和奶奶的感情很深。奶奶的离世对她的打击很大，让她的内心非常难受。

奶奶去世后，小萍无心学习。她的妈妈以为她过几天就好了，但过了很长一段时间以后，发现小萍还是很悲伤，而且情绪波动越来越大。老师见小萍退步严重，便希望家长配合，帮小萍从悲观的情绪中走出来。

后来，老师和小萍的父母试过了好几种方法，但是都没有成功，小萍依然沉浸在悲伤之中，总是走不出来。

最终，小萍在中考中失利，与理想的学校失之交臂。这下，小萍更加伤心了，既悲伤奶奶的离开，又哀叹自己的命运不济。

阳光的心态，对于我们每个人来说都是非常重要的。在面临困难和挫折时，如果心态不阳光，就难免会陷入悲观情绪中。案例中的小萍，因奶奶的去世，一直无法从低落的情绪中走出来，最终影响了对自己来说很关键的中考。当孩子遇到困难时，作为父母，我们要尽量引导孩子保持阳光心态，这样他就能及时地调整好自己的状态，将负面影响降至最低。

小迟与小凯是最要好的朋友，他们生活在同一个小区，又是同班同学。每天两个人都一起上学，一起放学。

有一天上体育课，老师让同学们自由活动，小迟邀请小凯跟自已跳绳，但是小凯却拒绝了小迟。小凯觉得踢足球更有意思，他建议小迟跟自己去踢球。但是小迟却坚持要跳绳。于是小凯不管小迟，去跟其他同学踢球了。

小迟对小凯非常不满。放学的路上，因为这件事，小迟跟小凯发生了争吵。小迟要跟小凯绝交，而小凯也不理小迟，气呼呼地回家了。

回到家的小迟气得哭了起来。看着泪流满面的小迟，妈妈赶紧过来询问。小迟就把在学校发生的事告诉了妈妈，并让妈妈评理。

妈妈了解了事情的原委后告诉小迟："在与朋友发生分歧时，不能只想着自己的想法而忽略了朋友的感受，更不要因为气愤而失去理智。面对分歧，我们应该保持一种阳光的、积极的心态去处理。每个人都有自己的想法，我们应该尽量尊重别人的想法，而不能因此而迁怒于对方，影响了朋友间的情谊。"

小迟想想白天的事情，认为自己确实是有些过于自我了，心态不够阳光，强人所难了。

孩子的心智还不成熟，在面对分歧、问题时，常常会产生冲动。本来是一个小问题，但在孩子冲动方式的处理下，无形中问题就被放大了。如何正确对待分歧、冲突，阳光心态可以发挥至关重要的作用。保持阳光心态，就能够冷静地处理问题，能够多一些理解，多一些宽容，这样就不会因为冲动而把事情搞得一团糟了。

坚信自己一定是最棒的

在与孩子相处的过程中，你是否发现孩子有时做事会有犹豫和忐忑心理，严重不自信，对自己的能力产生怀疑，甚至有了要退缩、逃避的心态。这是非常消极的一种负面心态。如果孩子有这样的表现，家长就需要帮助他调整心态，帮助其树立满满的自信心。自信心是孩子获得成功的必备条件。我们要告诉孩子遇到事情一定要努力去做，想办法解决问题，要让孩子始终坚信自己是最棒的。

小叶今年上初二了。她性格内向，不太爱讲话。爸爸妈妈希望孩子能改变这种性格，于是趁着假期，让小叶去自己家开的超市帮忙。

第一天，当小叶换上超市工作人员的制服时，她就暗自为自己打气，坚信自己一定是最棒的。但是当有顾客上前时，她左脚换到右脚，就是迈不开步子，也不知道该怎么向顾客介绍自己的产品，甚至想要将自己藏起来。

这时，一对老夫妇走了过来，妈妈在身后推小叶，示意她上前接待顾客。小叶到了两位老人跟前，却不知道该说些什么，只是看着那对老夫妇发呆。那对老夫妇倒是与她聊了起来："小姑娘，你这么小就出来工作了？"小叶回答道："我还在上中学，利用假期来帮爸爸妈妈，但我总觉得自己什么都做不好。"

那对老夫妇语重心长地对小叶说："孩子，无论何时何地，你始终都要相信自己一定是最棒的。我告诉你一个诀窍，下次要做什么的时候，你可以在心底告诉自己：'我是最棒的，我是最好的。'你一会儿试试，看我说的对不对？"小叶想了想，认为对方说的很有道理。

这时，来了一对年轻人，那对老夫妇用眼睛示意小叶上前去。小叶在他们的鼓励下，走了上去，心中不断地告诉自己："我是最棒的，我是最好的……"果然，这一招还真有效，她很自然地为顾客介绍着商品，顾客也很高兴地与小叶交流。

等小叶回身再看那对老夫妇时，他们已经离开了。小叶心中非常感谢这对爷爷奶奶的鼓励，自己再也不怕面对陌生人了。

许多时候，孩子不自信是各由方面因素造成的，有的是因为缺乏自信，有的是曾经受到打击，有的是因为被他人怀疑。所以，作为孩子的父母，我们一定要帮助他建立自信心，让他始终相信自己就是最优秀的。

小青今年 11 岁了，她从小便喜欢跳舞，因此很早被妈妈送到了培训机构去学跳舞。在培训机构所有的学生中，小青是最努力的，因为她想要像丑小鸭那样蜕变成美丽的白天鹅。

春节来临的时候，小青所在的培训机构选送的一个节目被市电视台选上，并准备参加今年的"春节晚会"。小青和妈妈都非常开心，因为这意味着小青可以上电视了，作为领舞的她可以在全市人民的面前展示自己曼妙的舞姿。

但是不幸的是，在演出前的一个月，小青崴脚了。这让小青的春晚之旅蒙上了一层阴影。妈妈劝小青不要再去练舞蹈了，医生说最好休养一段时间。但小青却对妈妈说："没事的，妈妈，我会保护好这只脚的。我相信自己的脚会赶在表演开始前恢复的。我先练练其他动作，免得到时候生疏了。我觉得凭自己的基本功，只要脚

不疼了，我很快就能跟上老师的训练节奏，不会耽误登台演出的。"

　　小青一直努力着，她没有放弃自己登台表演的梦想。在晚会录制前的一周，妈妈带她到医院复查，医生检查后说小青的脚没事了，可以跳舞了。小青高兴极了，她庆幸自己当时没有放弃，因为一直跟着老师训练，自己很快就恢复了受伤前的状态，顺利参加了节目的录制。

　　春节的时候，一家人坐在电视机前看着小青在舞台上翩翩起舞，都为小青感到骄傲。

　　孩子自信的样子是最美的。小青的坚持让她最终实现了自己的梦想。同时，自信让她没有被突如其来的变故击垮，她坚信自己可以及时恢复，并通过自己的努力赢得站上梦想舞台的机会。

一位哲人说："谁拥有自信谁就成功了一半。"自信是一个人的潜能源源不断地得以释放的精神源泉，是人们克服困难取得成功的重要保证。在平时的生活中，我们要鼓励孩子相信自己，勇敢地去跨越一些困难和障碍。每一次的跨越，都是对自己的一个肯定，都会增加一份自信。

乐观看问题，坏事也能变好事

当面临问题的时候，不同的孩子，会有不同的心态，有的孩子悲观消极，有的孩子自信乐观。前者看待问题时，总是带有一些悲观因素，他们总觉得糟糕的事情在围绕着他们，他们对生活也始终是失望的；而后者却能理性看待自己面临的问题，认真思考应对之策，找到理想的解决方法，使自己的能力不断获得提升。

小优今年四年级了，她有一个很不好的毛病，但凡遇到什么事情，她总是往消极的一方面想。

暑假的时候，妈妈给小优报了一个夏令营，希望小优能够通过这次活动获得磨炼。当来到夏令营的营地时，小优看到这里环境恶劣，条件简陋，难过极了，渴望着尽快结束这次活动。

很多次，小优想要退出，但是教练告诉她，要持之以恒，才能够达到锻炼的目的；而小优则告诉教练，她觉得夏令营太累了，她也不觉得会收获什么。小优还打电话给妈妈，让妈妈把自己接回去。但是妈妈却拒绝了她，并且告诉她好好在夏令营锻炼。

小优很失望，只得继续无奈地待在夏令营里。她和其他学员一样，每天学着搭帐篷、叠被子、收拾洗护用品等。小优心中十分不满，也实在不能理解自己上铺那个女孩子：她每天经历了高强度的训练后，依然能够精力充沛，每天都保持灿烂的微笑。

有一次，小优疑惑地问她为什么每天都这么高兴、这么乐观。那个女孩子说："你乐观地看待这件事，它就是一件好事。"

的确，凡事都有两面性，关键看你怎么看待它。如果你悲观地看待它，那么这件事就是坏事；如果你乐观地看待它，那么它就是一件好事。我们都希望自己的孩子做一个积极、乐观的人，这便需要父母在平时的生活中多引导孩子，让他以乐观的心态面对生活。

小画今年15岁了，她特别喜欢雕刻，妈妈因此为她请了一位雕刻老师，并且为她准备了全套的雕刻工具。

这一天，小画正在雕刻一个瓶子，瓶子上是一些花卉和景色。突然，小画的妈妈喊她去吃饭，小画被妈妈的大嗓门吓了一跳，手一滑，那个花瓶就被划了一道口子。妈妈见了，有些愧疚，连忙向她道歉。但是小画只是微微一笑，直接将那个孔掏空了，然后又掏空了几个孔，这个瓶子就变成了一个镂空的花瓶。

小画开心地对妈妈说："老师曾经说过，我们在雕刻作品的过程中，很容易会出现这样那样的问题。但是，只要我们能够乐观地看待已经发生的事情，那么坏事也能变好事。"

同一件事情，常常因为所在的立场不同、看问题的角度不同而出现不一样的效果。消极的人看问题，总是越看越消极，就像是连续的雾雨天，到处一片阴霾；而乐观的人看问题，总是可以看到阳光的一面，可以从各种难题中找到出路。

心态阳光，做事更高效

孩子拥有阳光的心态，就能以积极的态度面对生活和学习中遇到的问题。在这样的心态下，孩子能够充分地发挥自己的聪明才智，快速地找到解决问题的办法。

小晨马上就要上初中了。小学毕业前，他同几个同学约好，要共同来一次毕业旅行，地点则选在了外市一个风景优美的景区。

到了旅行的这天，小晨和他的同学早上六点就出发了，但因为路途较远，他们赶到景区的时候已经快到中午了，很多同学不禁抱怨了起来。

"为什么要来这么远的景区啊？这坐车的时间也太长了。"

"这马上要到中午了，我好渴啊，也好饿啊。"

"唉，一天的时间光在路上浪费掉了。"

他们来到了一座山前，这是旅行的第一站，他们需要爬到山顶上去。大家都发出了哀叹的声音，只有小晨在评估了爬山的条件后，带了一些水和零食后，便开始爬起山来，其他人也磨磨蹭蹭地跟在后面。但是，当他们登上山顶的那一刻，却没有一个人再抱怨，因为在山顶上看到的景色太美了，宛如仙境一般。

随后，小晨和同学们去山下的河里划船。很多同学是第一次划船，所以大家都感到新奇，不时发出欢乐的笑声和兴奋的尖叫声。但是不久，有些同学因为衣服湿了又抱怨起来，只有小晨没有任何抱怨，全程享受着快乐。

阳光心态，是知足、感恩、乐观开朗，是一种健康的心态。这样的心态让人心境良好，人际关系和谐，适应环境能力强，人格健康。所以，父母要尽可能地培养孩子的阳光心态。我们可以告诉孩子，对于那些改变不了的事实，我们要试着接受，并融入其中。

下周就是小米6岁生日了，爸爸问她想要什么礼物。小米说，希望爸爸能陪着自己吃蛋糕、去游乐场。爸爸立刻就答应了。

小米别提有多么开心了。到了生日这一天，小米早上一睁开眼，却发现爸爸不在家，只有妈妈在，于是她就闹着要找爸爸。妈妈告诉她，爸爸的项目出了问题，他赶去处理了。小米听了立刻哭个不停："爸爸明明答应了要与我一起过生日，一起吃蛋糕，一起去游乐场，他说话不算话。"

妈妈语重心长地说道："小米，大人也有大人的难题，就像是小米有自己需要解决的问题一样，大人也是一样。你要体谅一下爸爸，等他回来了，我们给小米补过一个生日好不好？"小米还是在哼唧，但是哭声小了。

　　妈妈继续说道："小米，这已经发生了的事情，我们改变不了了，我们试着接受好不好？今天妈妈带你去海洋馆，那里有各种各样的鱼。"

　　小米想了想，于是就不再哭闹，跟着妈妈出去了。

　　孩子阳光的心态需要从小培养。父母要告诉孩子：很多事情不是我们个人意愿所能改变的，当问题出现的时候，不要抱怨，不要发脾气，要面对现实，然后试着去解决问题。

　　保持阳光的心态，沉着面对不期而至的困难，让孩子成为生活的强者，这个过程需要孩子自身的努力，同时也需要父母对孩子进行正确的引导。

第七章

灵活变通，面对挫折需要改变思维

　　有的孩子遇到挫折时，总爱钻牛角尖，处理的方式也比较死板，不懂得变通。这让他的父母感到非常担心和苦恼。每个家长都希望自己的孩子在遇到问题的时候能够更灵活一些，更聪明一些。

　　其实，要想让孩子在挫折中灵活变通，在应对挫折的过程中改变思路，关键在于父母的正确引导。在父母的帮助和引导下，孩子如果拥有了灵活变通的思维，那么当他面对挫折的时候，就能够发散思维，选择最优的应对方法去解决问题。

挫折只是过去，努力应对才是未来

拿破仑曾说过："人生的光荣不在永不失败，而在于能够屡败屡战。"人的一生并不是一帆风顺的，在孩子经历挫折的时候，作为父母，我们要告诉他：成功之路必然会有挫折，要相信，那只是成功的开始，而你一定要努力，这样，在前行的道路上，才能离梦想越来越近。

小冉的妈妈身体一直都不是很好，经常生病，为此给家庭的经济造成了一定的影响。小冉从来没有零花钱，游乐场都很少去。对于这种情况，小冉最初很悲观，看到其他的小朋友有零食吃，有好玩的玩具，她难免会有些难过。

但是，当小冉看到生病的妈妈躺在医院里无精打采的样子时，她的心里就十分难受，非常心疼妈妈。有一次，小冉和爸爸来到医院，看到妈妈憔悴的神情时，小冉一下子改变了自己之前的想法，好像长大了一样。她在心中暗暗下定决心，要好好学习，将来当医生，不再让妈妈遭受病痛的折磨。

从那一刻开始，小冉不再去埋怨人生，她要将人生经历的挫折化为动力，只要有时间，就坐下来认真学习。她开始上网查各种医学资料。每次去书店，她都会翻看有关医学的书籍。写完了作业，她也会认真地研究医学问题。小冉只有一个想法：努力学习，以便将来能让妈妈恢复健康。

人的一生中，常常会处于迷茫状态，孩子也不例外。我们都知道通向成功的道路不是一路坦途，总有些坑坑洼洼。看过往，凡是取得极大成就的成功人士，都有着极为灵活的变通能力。他们能够因时制宜，能够根据事态发展的具体情况而做出具体的决策。当孩子面对人生的挫折而感到迷茫时，父母一定要给予孩子积极向上的鼓励，告诉孩子，失败是成功之母，挫折终会过去，要面对未来。

乐乐一直都不喜欢尝试一些新的事物，因为他觉得每一次尝试，都是一件很艰难的事。尤其是面对学习上遇到的难题，他总是畏畏缩缩、左躲右闪。

有一次，老师在课堂上讲授新知识，乐乐觉得很难，就不再听讲，心里只想着："我不听，我不会！"

回到家之后，爸爸给乐乐辅导功课时，发现乐乐什么都不会，这才知道乐乐上课根本就没有听讲。当爸爸问乐乐原因时，乐乐就找借口说："老师讲得太难了，我根本就听不懂。"

爸爸明白，乐乐之所以不愿意接受新知识，是因为他缺乏克服困难的勇气。于是他对乐乐说："爸爸可以再教你一遍，但希望你认真听。"乐乐点了点头。爸爸讲的时候,乐乐还有些排斥,当爸爸引导乐乐自己去动脑筋时,乐乐每说出一个答案,爸爸都给予夸奖。这时,乐乐开始对这些知识产生了兴趣。

当乐乐学会了一个知识点的时候,爸爸就会对乐乐说:"我就相信你是可以的。在你成长的过程中,要不断地去尝试新的东西,人生才会变得有意义;如果你不愿意去接受,迟早都会被社会淘汰。就像是学习一样,如果你不愿意接受新的知识,就会被别的同学抛在后面。"

乐乐听了爸爸的话,似懂非懂,但他却在爸爸的这次帮助下,体会到了成功的喜悦。从此之后,乐乐开始愿意学习新知识了。

有一句话是："吃得苦中苦，方为人上人"。父母教育孩子，就应该让他明白，"挫折"只是过去，"努力应对"才是未来。当孩子认识到了挫折是过去的经验时，他才可以提升自信，让自己努力前行。

对于孩子来说，挫折永远都只是过程，成功才是最终的目的。人生就像是一场漫长的旅途，失败只是人生中出现的一个小小的插曲，当孩子长大之后，回头看一看自己人生中曾经经历过的失败，将会回味无穷。

消极思考只会让挫折不断重复

古希腊科学家阿基米德曾说过："给我一个支点，我可以撬动地球。"他的这种自信，来自于他的积极思考。而这种积极思考的精神，也应该是我们的孩子所拥有的。当孩子积极思考问题时，他们就有了战胜挫折的决心；而如果孩子用消极的态度思考问题，那么他很容易就会被挫折打败。

欣欣和荣荣是一对双胞胎。两个人虽然长得一样，但面对挫折

的态度却截然不同。欣欣是姐姐，性格乐观，能够积极地面对挫折；妹妹荣荣每次面对挫折都思前想后，总觉得自己做不好。

有一段时间，妈妈教欣欣和荣荣打羽毛球。一开始，的确有些难。欣欣想：学习新的东西，总会遇到些困难，但是没有关系，可以多问问妈妈。于是，欣欣总是不断地练习。在刻苦的训练下，没过几天，欣欣就学会了打羽毛球。

荣荣就不一样了。每次妈妈教她的时候，她就想：我不会，我不喜欢，我不要学。在这种思想的影响下，每次打羽毛球的时候，她总是打不好，还时不时抱怨几句。但是，当她看到姐姐学会了打羽毛球的时候，心中便有些焦急了，开始烦躁不安。在这种情绪的影响下，没过多久，荣荣就放弃了学打羽毛球。

有一部分孩子因消极思考，导致产生负面思想，凡事都往坏处想，就连日常的言谈举止也都透露着消极的信息。实际上，每个孩子都拥有强大的精神力量，只是因缺乏引导没有被激发出来而已。而作为父母，要想让孩子积极思考，就应该让孩子在成长的过程中放开眼界，敞开胸怀。

韩磊是一名高三学生，乐观向上，不畏困难。他的这一性格完全受爸爸妈妈的影响。韩磊小的时候，爸爸妈妈每天都带着他参加体育锻炼。每次韩磊想放弃的时候，爸爸妈妈都会鼓励他，并为他做榜样。

除此之外，每到假期，爸爸妈妈还会带着他去各地旅游，以开阔眼界。因此，韩磊的知识面很广，心胸也很开阔。

上了高中以后，面临着学习的压力，韩磊总会和同学说："学习，要从吃苦开始。"

有一天，韩磊从宿舍来到教室里，看到老师在黑板上写的两道数学题，他认真地念了两遍题，感到有些难，无从下手。

很快下课了，韩磊吃了饭之后，回到宿舍。整个过程中，他的大脑里还在想着那两道题。他告诉自己："我一定要想出来，我不服输，不会被这两道题打败了。"

想着想着，突然韩磊有了新思路，并开始在稿纸上算了起来，然后解出了这两道题。当时，他别提多有成就感了。

第二天，韩磊将作业交给了老师，老师夸奖了他，还让他将解题思路讲给同学们。同学们听完韩磊的讲解，都露出了佩服的神情。

在孩子掌握知识和技能的过程中，爸爸妈妈不要让孩子成为消极思考的奴隶，要让孩子成为积极思考的伙伴，只有这样，孩子在成长的道路上遇到困难时，才不至于形单影只。在成长的道路上，如果每个孩子都积极思考，然后再加上实际行动，那么挫折对于孩子而言，就是一个小小的插曲。父母要让孩子明白：积极思考就是力量。

换条路走，别在挫折的泥沼中挣扎

一个人固执己见，在自己看来是坚持，但殊不知这一开始就是一个错误。一个人如果这样固执地坚持下去，只能让自己越陷越深，失去回头的机会。而当孩子经历挫折时，能够做到坚持确实值得称赞，但也不要一意孤行，不要在一条不通的道路上猛跑。在这个时候，父母要起到引导的作用，教会孩子适可而止，懂得换条路去走。

多多特别喜欢历史知识。平时，写完了作业，她就拿着历史书在书房里看。上初中时，因为学业繁重，她就不怎么看历史书了。政治和地理这两门课程她比较弱，多多就把精力集中到了这两门课程上。

在期末考试中，多多的总分比上一次少了30分。虽然政治和地理提高了一些成绩，但历史却没考好，拉了不少总分。多多看到自己的分数，开始反思自己：将大部分精力投入到了政治和地理上，这两门课程的成绩虽然得以提升，但是其他课程却因为没有时间去学习而成绩下降了不少，尤其是强项历史，更是丢了不少分。

对期末考试成绩做了总结之后，多多决定重新为每门课程分配时间，做到提升与巩固兼顾，不落下每一门课的学习。

有的时候，孩子在挫折中要换条路走，不要在挫折的泥沼中挣扎。父母要从小培养孩子在挫折中学会变通，因为这是面对挫折的另一种坚持。有的时候，在挫折中换条路走，并不是懦弱的表现，而是另一种坚持。如果以当前的能力，无法战胜挫折，就不如改变方向，朝着另一扇成功的大门迈进。孩子如果在挫折中懂得变通，选择了自己擅长的方向，就更容易增加自己的自信心，让自己放射出光芒。

小伊很喜欢跳舞，很小的时候，她就跟着舞蹈老师一起学习。她的舞跳得很好，常常被周围人夸奖。在一次和伙伴玩耍的时候，小伊不小心摔伤了腿，医生给出的结论是：以后，小伊不能再跳舞了。

医生的这一结论对小伊来说，犹如晴天霹雳。为此，她大哭了一场，医生、爸爸、妈妈都劝说小伊，她却怎么都听不进去。

妈妈决定让小伊走出困境。于是，每当小伊为自己不能跳舞发脾气的时候，妈妈就会为她放音乐。而这些音乐都是小伊喜欢听的。每次小伊听到这些音乐的时候，就会很安静。

妈妈发现小伊喜欢音乐之后，就给她找了音乐老师，教她音乐。没过多长时间，小伊就不再为自己不能跳舞而发脾气了。她常常一个人安静地坐在自己的小房间里听音乐、唱歌，妈妈还为小伊录制了唱歌小视频，小伊也会经常看小视频，听自己唱歌。她觉得这种感觉真好，于是渐渐地喜欢上了音乐。

石头缝里的小草，懂得变通，选择弯曲，所以才生机盎然。孩子在成长的过程中，会经历风吹雨打，有的时候坚持可以让自己走出困境；但有的时候选择换条路走，懂得变通，也会让自己走向胜利的彼岸。

把握挫折中潜藏的机会

失败是成功之母，这是非常有道理的一句话。因为，失败不仅给人经验和教训，也会给人机会。如果一个人从未经历失败，也就不会从挫折中找到潜藏的契机。

小美从幼儿园开始，就一直是老师眼中的好学生。上小学之后，小美的成绩优异，门门功课都是满分，老师对她有很大的期待，妈妈整天在众人面前炫耀家里的好宝贝。小美的奖状慢慢地贴满家里的一面墙壁，爸爸妈妈对自己的女儿也很满意。

上初中之后，小美的成绩依然优秀，每次考试，在学校里都是名列前茅。这时候的小美已经习惯了被别人夸赞，开始有些飘飘然了。她觉得自己很聪明，稍加学习，就可以考出好成绩。

初二的时候，有一次考试，小美发现有好多题自己都不会做，因为这些题是她没有复习到的知识点。

这次考试，她并没有考好，让她很失落。因承受不起这样的打击，她接连好几天将自己关在房间里，任凭爸爸和妈妈怎么劝说，她都听不进去。

从那以后，小美开始一蹶不振，上课也是无精打采，老师也找小美谈过几次话，但都起不到什么作用。小美不再像从前那么优秀了。

如果孩子经常处于成功的状态，随着时间的推移，慢慢就会麻木，变得经不起任何挫折与打击。所以，父母要让孩子明白，经历挫折，不一定是一件坏事，因为在挫折中，潜藏着某种机会，比如失败可以磨平孩子的功利心，锻炼孩子坚强的意志，让孩子在未来经得起风雨的考验。

小波特别喜欢街舞，他觉得那样跳起舞来很帅。于是，他跟妈妈说自己想学街舞。妈妈同意了，给小波报了名。刚开始，小波觉得还不错，但慢慢地，他感觉学习街舞实在是太累了。而且，老师会反复让学员练习一个动作，这让小波觉得枯燥乏味。

这个星期天，快要到学街舞的时间了，小波对妈妈说："妈妈，我不想学了，太累了！"

妈妈能够感受到小波此时的心情，当小波说完之后，妈妈对他说："孩子，街舞是你自己选择的，既然选择了，你觉得应该放弃吗？

如果你不想学，妈妈阻止不了你，但你要知道，学习任何一项技能都不是那么容易的，你看到过哪个成功者在中途放弃过吗？"

听了妈妈的话，小波背起了书包，对妈妈说："妈妈，走吧，我会坚持的。"从那以后，小波继续学着街舞，也没有再抱怨过学街舞的苦与累了。他有时会和小伙伴一起为大家表演节目，他喜欢登上舞台的那种感觉，喜欢登上舞台的那种自信。

现在回过头来想一想，小波很庆幸自己坚持了下来，他最要感谢的人，是自己的妈妈。

作为父母，我们要让孩子明白，当一个人经历人生挫折时，能否战胜挫折，并不能以此断定一个人有没有能力，我们要让孩子去享受过程，从过程中汲取各种经验教训。未来，当自己功成名就时，回过头来想想自己曾经的坎坷人生，将会是一段美好的经历！

逆境之中才能展现你的价值

平静的湖面练不出优秀的水手，安逸的环境锻炼不出生活的强者。培根曾说过："奇迹多是在厄运中出现的。"在历史上，有无数的名人越是身处逆境，越能激发自己的潜能，从而向世人展现了自己的价值。但是在今天，许多孩子在父母的呵护下长大，遇到事情总是让父母替自己完成，喜欢以自我为中心，从来都不考虑其他人的感受。当他们遇到一些挫折时，就会不知所措，更别提去展示自己的能力和价值了。

倩倩的爸爸妈妈平时工作都很忙，所以倩倩一直跟着奶奶生活。奶奶将倩倩宠成了一个小公主，不管做什么事，都依着倩倩。学习中，倩倩遇到了难题，奶奶向众人请教，帮倩倩完成。生活中，都已经上小学的倩倩，被子还要奶奶为他叠；吃饭的时候，奶奶还会喂她。

倩倩在学校里，只要和同学玩得不开心，一回到家，就会告诉奶奶说有人欺负自己。奶奶舍不得自己的孙女受委屈，就去学校里找其他的小朋友"讨公道"。

慢慢地，倩倩长大了，她上了初中，要在学校里生活和学习，两个星期才能回家一次。

来到学校之后，倩倩什么事都不会做，因为她清高自傲，也没有朋友。她在学校里的内务是一团糟，为此，还常常被老师批评，受宿舍同学的埋怨。

温室里的花朵是承受不住狂风暴雨的。在顺境中成长的孩子，经不起一点挫折。案例中的倩倩，从小被奶奶全方位地保护着，一向顺风顺水。现在她因为中学住校，面对繁重的学习和枯燥的内务，竟然束手无策，更别提展现自己的能力与价值了。

父母要想让孩子在逆境中实现自我价值，应该引导他树立崇高的理想，为他的未来指明方向。这样，孩子不管经历多少坎坷，他都会奋力拼搏，最终总会放射出光芒。

同时，孩子要想在逆境中实现自我价值，还必须有真才实学。每个人的本领都并非与生俱来，而是通过后天的努力获得的。

小芸从小就在大山里长大。在她很小的时候，爸爸妈妈就因为一场意外去世了，家里只有她和爷爷。上小学时，在学校里，她认真地学习着文化知识，因为成绩优异，经常受到老师的表扬。放学回家后，她还要上山砍柴。生活虽然很苦，但小芸一直坚信总有一天，她会和爷爷过上好的生活。

有一次，一个喜欢在农村体验生活的人来到了小芸的家乡，他看到这个小姑娘有如此坚强的毅力，很受感动。在得到小芸的爷爷许可之后，他将小芸的生活拍成了小视频，发布到网络上。一时间，小芸成为了"明星"，成为了众多孩子学习的榜样，她的毅力感染了很多小朋友，大家都纷纷向小芸学习。

为此，还有很多好心人愿意资助小芸，让小芸走出大山，上更好的学校。后来，在大家的帮助下，小芸考上了好的大学，找到了好的工作，还将爷爷接到了大城市，过上了好的生活。

苏格拉底说："逆境是磨炼人的最高学府。"面对每一个逆境或每一次失败，孩子如果能乐观看待，当作学习的机会，不但能从失败中成长，更能从逆境中锻炼坚韧的品格。在孩子面对逆境时，父母要引导孩子以平常心看待并设法跨越逆境。

逆向思维找出问题的根源

　　逆向思维，是对司空见惯的、似乎已成定论的事物或观点反过来思考的一种思维方式。这种思维方式，看似不同常理，但往往却能够帮我们打开另一番天地，让我们看到正向思维看不到的惊人效果，带给我们惊喜和意外的收获。在教育孩子的过程中，我们要教会和鼓励孩子用逆向思维来考虑问题，另辟蹊径，找出问题的根源，找到更好的办法来应对生活中遇到的挫折。

　　玲玲是个聪明的小女孩，每当遇到挫折的时候，她总是能够想到很好的应对办法。她思考分析问题的思路有时候连妈妈都自愧不如。

　　新学期，玲玲原来的班主任需要休产假，一位新的老师成为了她的班主任。这是一位非常严厉的老师。新学期上第一课时，经过一个假期的分别，同学们再次重逢，都特别地兴奋，整个班里乱哄哄的。作为班长的玲玲也未能控制住自己的情绪，与好朋友们叽叽喳喳地聊着，以至于连上课铃响都没有注意。

　　这时候，新的班主任来到班里，严厉地批评了同学们，特别是

对玲玲，老师更是重点批评。刚开学就挨老师一顿训，玲玲感觉今天真是倒霉。

中午回家吃饭，玲玲把在学校的事情告诉了妈妈。妈妈用奇怪的眼神看着她，问："看你这笑呵呵的样子，感觉不像挨了批评，倒像是得到表扬一样啊。你不怕老师把你这班长的职务撤了啊？"

"妈妈，你没看懂这里面的道理，老师为什么要骂我们，真的是因为我们吵？二班和三班也都这样，也不见老师骂呀。我们老师不过是想给同学们一个下马威而已，怕以后管不住我们。老师为什么单单骂我骂得那么狠？"

妈妈疑惑地摇摇头。

"杀鸡儆猴呗，撤我的班长，就凭我这次精神上做出的牺牲，她也不会撤我的。撤了我，她去哪儿找这么配合她工作的班长啊？哈哈！"

看着这个"不着调"的闺女，妈妈仔细想想，玲玲说得还真有些道理。女儿能够想这么深的问题，看来自己真的不用担心女儿无法面对挫折了。

遭到老师的批评，对于许多孩子来说，是一件坏事。但是玲玲却能够得出与众不同的结论，这就是在运用逆向思维。我们作为父母，在教育孩子的过程中也要让孩子学会逆向思维。如果孩子掌握了这种方法，当遇到挫折，利用一般的方式无法解决时，就会换种方式去思考，收到意想不到的惊喜。

珊珊不喜欢学数学，她觉得数学总是要动脑筋，太难了。每天放学一回到家，她先将其他作业做完，然后再磨磨蹭蹭地做数学作业。她一会儿去厕所，一会儿吃点东西。数学在珊珊看来，就像是一颗地雷似的，让她不敢靠近。

最初，妈妈也通过辅导的方式教珊珊做题，但一段时间之后，她觉得这种方式并不奏效。于是，妈妈决定用逆向思维的方式来改变珊珊害怕做数学题的思想。

这天，妈妈对珊珊说："珊珊，你这么长时间都没有写数学作业了。既然你不想做，那妈妈来帮你做。但我有一个要求，那就是，我做好了题，你来检查。"

珊珊一听妈妈要替自己写数学作业，别提有多高兴了。妈妈写的时候，珊珊在一旁像个小辅导员似的盯着妈妈，她觉得自己就是妈妈的小老师。

不一会儿，妈妈就写完了，珊珊给妈妈检查作业的时候，发现所有的题都做错了。于是，她便一道题一道题地给妈妈讲了起来，还改正了本子上的错误。但是她不知道，那是妈妈故意写错的。

这样一段时间之后，珊珊开始"嫌弃"妈妈了，决定自己的作业自己来完成。

教育孩子是一门艺术，是一种非常有难度的心理博弈，我们要学会用逆向思维来教育孩子，就像案例中珊珊的妈妈那样。同时我们也要教会孩子用逆向思维去思考问题。当孩子懂得用逆向思维来看待问题的时候，他就会发现自己思想上的"新大陆"，无论是在生活上还是在学习中，都能发现一个全新的自己，一个能力更强的自己。

第八章

积极应对，不去抱怨才会拥有未来

在成长的过程中，每个孩子都会经历不同的挫折。面对挫折，抱怨的人常常将其归咎于环境与他人，让世界和他人来迁就自己，最后却弄得自己遍体鳞伤。而那些从不抱怨的人，才有机会战胜挫折、克服困难。所以，要想战胜挫折，最重要的是要有积极的心态。对于孩子来说也是这样。孩子只有积极地去应对挫折与失败，才能够变得坚强，不断成长。

抱怨挫折只会让你更加失败

孩子在成长的过程中，难免会经历挫折。有的孩子，能够以乐观的态度面对挫折，进而在挫折中越战越勇，也越来越接近胜利；有的孩子，应对挫折的能力较差，稍稍经历一点儿挫折，就乱发脾气、怨天尤人，总想着放弃努力。这些负面的情绪，只会让孩子面临失败。

小芝是一个特别聪明的孩子，却总喜欢抱怨，尤其是在学习方面。有一天放学，小芝想玩一会儿，妈妈却让她先完成作业。小芝于是又开始抱怨了："我都学习一整天了，想要放松一下自己。"

妈妈无可奈何地摇了摇头。到了临睡的时候，小芝觉得自己的作业完成不了了，于是又开始抱怨："妈妈，我的作业写不完了，您怎么不早一点提醒我写作业呢？"

结果第二天，小芝因为没有完成作业而受到了老师的批评。

小芝对待学习中遇到的难题也一直都在抱怨。有一次，老师给同学们留了两道数学应用题。如果多读两遍的话，小芝是完全可以做出来的。但小芝只草草读了一遍，就开始抱怨了："老师留的这两道题也太难了吧，我不做了。"

就这样，小芝在学习上稍稍遇到困难就抱怨，抱怨过后，她最终会选择放弃学习。就这样，小芝的作业完成得越来越少，做的题也越来越少，久而久之，她逐渐跟不上老师的讲课进度了，学习成绩更是大幅下滑。

一般来说，积极的态度，有助于问题的解决、挫折的克服；消极的态度，只能让问题的难度增大。孩子不断地抱怨，这是一个非常明显的消极态度。很难想象，在满腹的抱怨声中，孩子怎么能够顺利地解决问题呢？

另外有研究表明，孩子在生活和学习中遇到挫折总是抱怨，大多数都是受父母的影响。父母是孩子的榜样，如果父母在孩子面对挫折时总是一味地抱怨，就会让孩子产生畏难情绪。孩子但凡遇到一点点挫折，也会因害怕失败而抱怨。所以在平时，父母要为孩子做好榜样，并在行动中给予正确的引导。

岩岩是个小男孩，平时不管遇到什么事，他都觉得很难，总是抱怨。爸爸妈妈想要让岩岩变得积极向上。他们商量之后，认为可以让岩岩通过拼积木来锻炼意志。因为岩岩喜欢拼积木，但有的时候，也会因为积木拼到一半倒了就选择放弃。

这天，爸爸妈妈给岩岩买了两套积木。一开始，岩岩非常开心，他打开了一套积木，一开始拼得还不错。积木连续倒了两次，他还算有耐心，但当积木倒了第三次的时候，他就开始发脾气了，他一把推倒了所有的积木，对爸爸妈妈说："这套积木不好玩，太难拼了，我要玩另一套。"

这时，爸爸说："对啊，这套积木的确有些难拼。但我刚刚观察你拼得还是挺好的，要是能让积木再稳固好，它就不会倒了。"

  岩岩听爸爸这么说，一下子来了兴致，又重新拼了起来。期间，积木也倒过一次，但岩岩却没有再抱怨，而是和爸爸分析了积木为什么会倒。这次，他吸取了教训，积木没有倒，拼成功了。

  当岩岩再拼第二套积木的时候，因为有了之前的经验，他没用多长时间就拼好了。爸爸妈妈觉得这样锻炼岩岩很有效，于是经常和他一起玩游戏或进行体育锻炼。每当岩岩抱怨、要放弃努力时，爸爸妈妈就会及时予以鼓励他。慢慢地，岩岩在遇到困难时，变得不再抱怨，而是尽力去解决问题，战胜挫折。

  孩子在挫折中抱怨，导致失败，很多时候是因为父母的教育方式不正确。孩子遇事之所以会抱怨，也许与父母平时的行为习惯有关。比如，妈妈会每天抱怨家务太难做，爸爸会抱怨每天工作太辛苦。

负面、消极情绪是会传染的，久而久之，孩子也会受到相应的影响。要想孩子遇事不抱怨，首先，父母要做到不抱怨，做好孩子的榜样。其次，当孩子遭遇挫折、失败时，父母应去鼓励、开导孩子，并引导他找到解决问题的方式和方法。

解决问题的人没时间抱怨

乐观的人，遭遇挫折时，没有时间去怨天尤人，因为他在忙着解决问题。乐观的人，总是善于解决问题的人。因为他们深知，在成长的道路上，如果能少一分抱怨，就能多一分时间去努力，让自己不断进步。

小度和小陶一起去游泳馆学习游泳。小度平时不论做什么事，都很喜欢抱怨，这次学游泳也是这样。在第一天练习的时候，小度就因为呛了水而再也不敢下水了。当教练让他再尝试的时候，他总是抱怨："教练，是妈妈让我来学的，我才不喜欢游泳。"

小陶则不一样，他认真地向教练学着每个动作。尽管刚开始的时候他也呛了几次水，但他却没有像小度那样去抱怨，一有时间，就请教教练，然后在游泳池里认真练习每个动作。

不知不觉中8天过去了，小度依然没有学会游泳。他每天回到家之后，都会向妈妈抱怨，怪妈妈给自己报了自己不擅长的项目。而小陶则完全掌握了游泳的要领，能够在游泳池像小鱼一样游来游去。

当遇到挫折时，乐观的孩子会将注意力集中在解决问题上，总想着如何让自己走出困境。他们无时无刻不在寻找着打开成功大门的钥匙。父母要想让孩子在挫折中不抱怨，就要从小培养孩子养成积极乐观面对问题的习惯。对于总喜欢抱怨的孩子，要想让他纠正这一缺点，就要慢慢地引导他将抱怨的时间用在寻找解决问题的方法上。

康康的妈妈在康康很小的时候，经常给他讲关于面对挫折不要抱怨的故事。康康受妈妈的熏陶，长大后，每次遇到困难，从不抱怨，而是以积极乐观的态度去面对困难、解决问题。

康康有个妹妹才 3 岁。一天，康康带着妹妹在小区里玩，妹妹玩得特别开心。等到了妈妈喊他们回家吃饭的时候，妹妹却突然哭了起来，因为她发现自己粉红色的发卡丢了。

康康立刻安慰起了妹妹。妹妹停止哭声之后，他询问妹妹曾经玩耍过的地方，妹妹一一指出后，康康就跟着妹妹一处一处地找了起来。时间一点点过去，最后在一个角落里，康康找到了妹妹的发卡。当他拿起发卡的那一瞬间，妹妹高兴地跳了起来。

康康看到妹妹哭，首先是安慰了妹妹，抚平妹妹的情绪之后，他又让妹妹为自己带路寻找发卡。整个过程中，康康都是在解决问题，从来都没有一句埋怨责备。如果他当时抱怨妹妹的粗心，责怪妹妹的大意，他们恐怕就不会那么轻松地找到发卡了。

所以，作为父母，我们应该像康康的妈妈那样，日常要多教育孩子，让孩子成为一个善于解决问题的人，而不是只知道抱怨的人。同时，我们也要身体力行，多一些解决问题的精神，多一些行动和思考，而少一些抱怨和责备，给孩子做一个好榜样。

扛得下挫折才能配得上成功

有一句话说得好："生活百般滋味，人生笑去面对，而挫折就是其中的一味。"孩子在成长的过程中，难免会遇到一些挫折，而扛得起挫折的孩子，才配得上成功。孩子在学习中能扛得起挫折，学习效率才能事半功倍；孩子在生活中扛得住挫折，人生才会不断地获得成功。

小龙的妈妈常年疾病缠身，为了给妈妈治病，家里的钱都已经用光了，爸爸不得不常年在外打工。小龙只好跟着爷爷和奶奶生活。他每天放学回到家后，不仅要完成作业，还要照顾妈妈，帮爷爷奶奶干活。

小龙从小就有一个梦想：考一所好大学，找一份好工作，干一番大事业，不让爸爸再在外面辛苦工作，要找最好的医生为妈妈看病，要让爷爷奶奶过上好的生活。为了这个梦想，小龙学习非常努力，每次考试结束，他都能拿着奖状回家。

家里的墙上贴满了小龙努力得到的奖状虽然已经足够优秀，但是小龙明白，自己不能松懈，这离自己的梦想还有很长的距离，他还要继续努力。学习虽然很苦，但小龙觉得，他越是努力，就越是离自己的梦想近一步。

挫折，是每个人都需要面对的考验。父母要告诉孩子，要懂得"享受"人生经历的痛苦和磨难，因为这是他一生中必不可少的体会。父母要教会孩子，在挫折中，不抱怨，以积极的心态去面对，与挫折进行不服输的抗争，最终成为一个有担当的人。只有这样，孩子才能扛得下未来生活与事业中经历的种种挫折或失败，进而实现自己的人生理想。

小萌是一个独立性很强的孩子，这一切都要感谢她的妈妈。从小萌上幼儿园开始，妈妈就有意识地培养她的自理能力。小萌每天都是自己刷牙、洗脸、叠衣服、叠被子。有的时候，小萌也会撒娇，让妈妈帮自己。每当这时，妈妈就会说："小萌，妈妈觉得你做得要比妈妈好。如果你累了，可以休息一下，但你一定要自己完成。"

　　就这样，在妈妈的教育下，小萌逐渐不再有要依赖妈妈的想法了，变得更加自立、自信。她上了初中住校后，才知道当初妈妈的良苦用心。

　　有一次，宿舍里的床坏了，大家都说要找生活老师来帮助她们修。正好这天，生活老师因家中有事请假了，明天才能来修。同学们纷纷抱怨说："那我们晚上要怎么休息呢？"

就在这时，小萌却说："这又不是什么大事，我们自己就可以修一下啊！"她说完，就向看管宿舍楼的阿姨借来了工具，没一会儿就把床修好了。

"不经一番寒彻骨，怎得梅花扑鼻香。"在孩子该奋斗的年纪，不要让他选择安逸。父母爱孩子本无可厚非，但不要因为我们的爱阻碍了孩子成长的步伐，剥夺了他经历挫折、获得锻炼的机会。我们要鼓励孩子有拼搏的精神，让他经受锻炼，锤炼出坚强的意志，从而慢慢地走向成功。

你的每一句抱怨都是对挫折的屈服

英国物理学家霍金在瘫痪后，没有抱怨命运的不公，而是在挫折前选择了坚强，从而成为了世界瞩目的科学巨人；音乐家贝多芬双耳失聪，也没有抱怨，更没有一蹶不振，而是全身心地投入到音乐中，从而成为了享誉世界的音乐巨人。我们要告诉孩子，一个人的成功并非偶然，每个人都会经历挫折，只有去勇敢面对，不抱怨、不放弃，才能迎难而上，成就精彩的人生。

小陶不管遇到什么事，总喜欢抱怨。有一天早晨他起床晚了，马上就要迟到了。因为着急，他穿鞋的时候怎么都穿不进去，于是开始抱怨起来："妈妈，下次不要给我买这样的鞋子了，太难穿了！"说完，他就将鞋子往旁边一扔，不穿了。这时，妈妈走过来，拿着鞋子给小陶穿了起来。因为有妈妈的帮忙，小陶才勉强没有迟到。

星期天，小陶在家里和小伙伴们玩耍。他有一套心爱的机器人玩具，想拿出来给小伙伴们看一看，但却怎么都找不到。于是小陶又开始抱怨了起来："都怪妈妈，随便乱放我的东西，现在又找不到了！"说着说着，他就发起了脾气。小伙伴们见状，都不和小陶玩了，各自回家去了。

小陶在学习上也很爱抱怨。期末考试的时候，小陶遇到了一道不会做的题，心里又开始了抱怨："唉呀，这道题怎么这么难？我不会什么，老师偏偏就出什么。"在抱怨声中，他将这道题放弃了。在如此消极想法的主导下，一连好几道题都被小陶放弃了。在他心里，这些题自己不会做完全是因为妈妈平时没有督促自己导致的。

遭遇挫折时，孩子能不能勇敢地面对，不抱怨，在很大程度上取决于父母的教育和引导。案例中小陶的妈妈，当孩子抱怨的时候没有正确去引导，而是通过代劳的方式让孩子暂时避开困难，这对孩子的成长是极为不利的。

孩子的人生总会经历一些挫折，有些挫折必须要孩子自己去面对、去解决。如果孩子不抱怨，能够独自面对挫折，具有不屈不挠的精神，慢慢地父母就会发现，孩子要比自己想象中的更坚强。

小曼遇事总爱耍小性子，总爱抱怨，遇到一点儿不顺心的事，回到家之后，就爱和爸爸唠叨。爸爸看到自己的女儿这么经不起挫折，就想对她进行一次教育。于是，他带着女儿来到厨房，从冰箱里拿出一根胡萝卜、一个鸡蛋，还有一些红糖。

爸爸将这三样东西放在水中煮了起来。小曼在一旁纳闷地看着。水开了，爸爸又让这三样东西继续煮了一会儿，然后把它们都拿了出来。爸爸问："你看看这三样东西有什么变化吗？"

小曼说："胡萝卜变软了，鸡蛋变熟了，红糖融到了水里，变成了红糖水。"

爸爸继续问道："那通过这个实验，你明白了什么道理呢？"

小曼摇了摇头，说不知道。

爸爸说："这三样食材就像是我们不同的人在面对挫折一样。滚水烫煮就像我们遇到的挫折，胡萝卜一开始是坚硬的，后来变软了，说明它的抗挫折能力差；鸡蛋一开始一敲就碎，后来经历了挫折，从内在改变了自我，变得坚强了起来；而红糖，经过白开水的煮沸，融入到了水中，还改变了水的颜色，通过挫折的磨炼实现了自我转变。小小的食材如此，更别说我们人了。在逆境中，我们完全可以利用自己的聪明才智去解决问题，而不是去抱怨。抱怨给你带来的是什么呢？有了负面情绪，就意味着你已经向挫折屈服了。"

听了爸爸的话，小曼深有触动。从那之后，无论遇到多大的挫折，她都不再抱怨，而是想办法去解决。

在孩子的成长中，失败与挫折是常有的事。但这些都不重要，重要的是在面对挫折与失败时，他们能有乐观、积极向上的心态，而不是感叹人生，埋怨命运的不公。面对挫折，父母要像案例中小曼的爸爸那样，教会孩子面对挫折时要不屈不挠、勇敢奋进，将挫折当作磨炼自己人生的一次有意义的经历，在挫折中不断地锻炼自己。

当抱怨成为习惯，你会经不起任何挫折

在挫折面前，有些孩子总喜欢用抱怨来发泄情绪。作为父母，如果不及时予以纠正，慢慢地，孩子就会将抱怨当成一种习惯。这种习惯，将影响到孩子应对挫折的能力，降低孩子学习与办事的效率。严重时，习惯性的抱怨，还会导致孩子心理扭曲，对身边的人或事产生偏见。

　　乐乐每天都是一副不开心的样子，一会儿抱怨这个小朋友不和自己玩，一会儿抱怨妈妈不给自己买零食，一会儿又抱怨爸爸不给自己买足球……乐乐的生活与学习中，充满了抱怨。

　　因为小的时候总喜欢抱怨，导致上了初中之后，面对沉重的学习压力，乐乐又开始了新一轮的抱怨。他不想写作业，抱怨老师留的作业太难。他总是完不成老师布置的任务，上课也听不懂老师的讲课。到了初二的时候，他就向父母提出了辍学的要求。

　　爸爸妈妈听到乐乐提出的这个要求，开始劝说他，但不管用什么方法，乐乐都听不进去。他不读书的理由，就是因为自己无法承受学习带来的压力。看到乐乐的抗挫折能力如此之差，爸爸妈妈感到非常无奈。

家长当听到孩子抱怨时，不能一味地纵容孩子、对孩子不闻不问，而是要寻找原因，帮助孩子改掉遇事爱抱怨的坏习惯。

　　家长要想纠正孩子爱抱怨的坏习惯，首先要学会认真倾听。不管平时孩子抱怨什么，都要有耐心，坐下来听孩子说出自己不开心的事。当听完孩子的抱怨之后，父母要换位思考，设身处地，站在孩子的角度思考问题，分析一下孩子的抱怨是不是无理取闹，如果是，就应该引导孩子，纠正孩子错误的思想认识。

　　另外，家长便在平时与孩子相处时，一定要尊重孩子。当孩子抱怨的时候，不要一味地责备；在一些事情上，可以和孩子进行商量，在商量的过程中引导孩子，让孩子明白一些道理。

　　小璐总是爱抱怨。爸爸妈妈发现她这个不良习惯之后，觉得必须要帮助孩子改正过来。

　　有一天放学，妈妈辛辛苦苦为她做好了饭。小璐洗了手，走到饭桌前吃了一口饭之后，就埋怨妈妈做的饭很难吃。妈妈非常生气，打算严厉地教育女儿一番，但最终还是忍住了，只是温柔地说："是不是太淡了，要不妈妈重新给你做一份吧！"

　　小璐本来怨气很大，但听了妈妈温柔的话，反倒有些不好意思了。她对妈妈说："不用了，我又尝了一下，发现味道还是不错的。妈妈不用忙了。"

　　因为爸爸每天工作都很忙，没有时间陪小璐玩，所以，小璐经常抱怨："爸爸每天都那么忙，我好想来一次全家人的旅游。"

　　当爸爸得知女儿的心声之后，特意请了几天假，陪着女儿外出旅游。出游之前，爸爸对小璐说："这次外出游玩，我和你妈妈都听你的，你可以为我们选择旅游路线出行的交通工具，还有住的地方，都由你来安排。"

小璐听到后别提有多开心了。她上网查了好久，用心地安排了这次出行计划。爸爸妈妈看完之后又和小璐商量，并给出了一些建议，小璐也欣然接受。这次出行，大大增进了一家人的感情，小璐慢慢地不再向爸爸妈妈抱怨了。

经过长时间的改变，小璐变得不爱唠叨了。她每天上学，同学们也听不到她的抱怨声了，大家看到的是一个全新的小璐。她不再抱怨学习累，而是认真地对待起了各科的成绩。为了提升学习成绩，她每天都学到晚上10点多。学习虽然很累，但她却不再抱怨了，而是将抱怨转化成了动力，努力去做好每一件事。

父母在教育孩子的过程中，要采取正确的教育方式，在弄清楚孩子抱怨的原因之后，通过有针对性的方法对他进行正确引导，慢慢地解开他的心结，让他树立积极向上的生活态度。这样孩子才会减少抱怨、远离抱怨，在未来的人生之路上，才能健康、快乐地成长。

当挫折来到时，认真应对就好了

有的孩子因为从小就娇生惯养，导致独立生活能力差，与其他孩子在一起时，会有挫败感；有的孩子因为成绩不佳，导致自己的情绪紧张，自信心不足；有的孩子因处理不好人际关系，导致自己与周围人的关系紧张，产生自卑心理。总之，孩子遭受挫折的原因有很多，一些孩子会因为挫折而一蹶不振，也有一些孩子则会积极应对挫折，勇往直前。

王朔从不畏惧在学习中遇到的困难。从小学开始，他就一直喜欢钻研，遇到不懂的知识就请教老师，或者上网查询。而其他一些同学，经常是遇到难题就放弃。王朔经常对他们说："学习不能是这种态度，不然什么都不会。"

上了初中以后，因为课程逐渐增多，和王朔要好的几个小伙伴就选择了自己喜欢的几门课程，而王朔却始终坚持每门课程都不放弃。最初的时候，他对历史、物理等课程都比较陌生，所以，他舍弃了休息时间，用来学习这两门课程。周末的时候，当有小伙伴邀请他出去玩的时候，他总是说："你们先去，我做完这几道题再去找你们。"

正因为王朔在学习上有锲而不舍的精神，才使得他在学习上的成绩名列前茅。

人的一生不可能一帆风顺，孩子在成长的道路上，也会遇到困难和挫折。应对挫折，其实并不需要多少奇招妙策，只需要做到三点。首先，要正确认识挫折。挫折不是人生路上的绊脚石，它并不可怕。遭遇挫折时，不是抱怨不停，而是从中寻找原因，总结经验教训。其次，排解痛苦情绪。作为父母，当孩子遭遇挫折时，我们要静下心来倾听孩子的心声，让他把心中的负面情绪排解出来。最后，寻找应对方法。从哪里跌倒，就从哪里爬起来。针对挫折情况，作出相对应的行动，这样才会有效地避免下次在同一个地方受挫。比如学习差，就反省自己的学习方法，制订学习计划，以提高成绩。

倩倩是一名五年级的学生，之前的学习一向很好。后来因为父母工作调动的原因，她不得不转学到了另一所陌生的学校。这里离倩倩的家乡很远，当地的口音和家乡的口音差别很大。所以，倩倩在进入新学校后所面临的第一个问题就是适应语言问题。

半个学期过后，妈妈发现倩倩的学习成绩持续下滑，就连之前学得最棒的语文，成绩竟然也刚刚过及格线，更不用说数学和英语了。

妈妈感到很奇怪，因为当地的学生学习水平远不如家乡，从这个逻辑出发，倩倩的成绩应该更突出才对。

在妈妈的询问下，倩倩说出了原因：听不懂当地的语言，所以也听不懂老师所讲的课。

妈妈听了，并没有责怪倩倩，而是耐心地对她说："爸爸妈妈也是和你一起来到这个地方的，爸爸妈妈的同事也是这个地方的人，但是我们的工作为什么没有被耽误，而且我们也和当地的同事相处很好呢？"

倩倩摇了摇头。

妈妈接着说："关键在于你没能认真对待这个问题。虽说这里的口音和咱们家乡的口音略有不同，但是我们有着共同的文字基础，只不过发音方式略有不同而已。最初的时候，妈妈也听不太懂当地的语言，但是我会用心去听，听不懂的就重复问，经常和同事们去交流。你看现在，我和你爸爸与当地人说话已经没有任何问题了。"

倩倩听完，惊讶地看着妈妈，然后若有所思地点了点头。第二天，倩倩开始认真地对待起这件事来，老师说的每句话都认真去听，听不懂的就主动询问，并主动地和同学去说话。渐渐地，倩倩不仅能听懂当地的方言了，而且还能用当地的方言和同学们讲笑话呢！

孩子的一生中会遇到各种各样的挫折，他们能否认真对待，父母起着非常重要的作用。在孩子遇到挫折的时候，父母要告诉孩子，挫折不可避免，逃避并不能解决问题。挫折并不可怕，它是人生很难得的一笔财富。当挫折来临时，我们不要逃避，也不要抱怨，只要我们能够去认真对待，找对正确的应对方法，再大的挫折都能迎刃而解。